U0448009

迦太基帝国

〔英〕阿尔弗雷德·丘奇 著

刘守旭 译

浙江人民出版社

图书在版编目（CIP）数据

迦太基帝国 / （英）阿尔弗雷德·丘奇著；刘守旭译. — 杭州：浙江人民出版社，2024.7
ISBN 978-7-213-11481-6

Ⅰ.①迦… Ⅱ.①阿… ②刘… Ⅲ.①迦太基—历史 Ⅳ.①K414.2

中国国家版本馆CIP数据核字(2024)第101911号

迦太基帝国

JIATAIJI DIGUO

[英] 阿尔弗雷德·丘奇 著 刘守旭 译

出版发行：浙江人民出版社（杭州市环城北路177号 邮编 310006）
　　　　　市场部电话：（0571）85061682　85176516
责任编辑：方　程　李　楠
特约编辑：涂继文　杨钰霆
营销编辑：杨　悦
责任校对：何培玉
责任印务：幸天骄
封面设计：天津北极光设计工作室
电脑制版：北京之江文化传媒有限公司
印　　刷：杭州丰源印刷有限公司
开　　本：710毫米×1000毫米　1/16　　印　张：15.25
字　　数：156千字　　　　　　　　　　插　页：4
版　　次：2024年7月第1版　　　　　　印　次：2024年7月第1次印刷
书　　号：ISBN 978-7-213-11481-6
定　　价：58.00元

如发现印装质量问题，影响阅读，请与市场部联系调换。

前　言

　　迦太基的历史并不好讲，因为讲述者不得不站在她劲敌的立场上，还不能带有同情心。但叙述迦太基的故事也有便利的地方，那就是关于她的史料比较少，我们用一个适中的篇幅就可以讲述完整的故事。

　　我认为，研读原始文献是讲好迦太基故事的必经之路；同时，我还要感谢若干当代著作给我的启发。黑伦（Heeren）的地理学论著、阿诺德·格罗特（Arnold Grote）和莫姆森（Mommsen）的历史著作、博斯沃思·史密斯（Bosworth Smith）的杰作《迦太基与迦太基人》，还有乔治·佩罗（Georges Perrot）和查尔斯·奇普兹（Charles Chipiez）合著、沃尔特·阿姆斯特朗（Walter Armstrong）编译的《腓尼基及其属地艺术史》，本书的大多数插图都要归功于这本书。

　　我还从 W.W. 凯普斯（W.W.Capes）编写的《李维》一书的第 11 章、第 12 章中获益良多。

我觉得，没必要纠结杜伊利乌斯圆柱[①]（Column of Duilius）的真伪问题，可以认为它现今呈现的铭文，是一种虽然不是很忠实于历史事实，但也大致可以算作近似于事实原貌的史料。

阿尔弗雷德·丘奇
于哈德利绿地[②]
1886年5月27日

---

① 为纪念盖尤斯·杜伊利乌斯（Gaius Duilius）在第一次布匿战争期间取得米拉海战胜利而建造的纪念柱。——译者注
② Hadley Green，现为伦敦巴尼特自治区一处占地151亩的自然保护区。——译者注

迦太基大事年表

（公元前）

狄多创建迦太基	850 年
马尔丘斯的征战	550 年
阿拉利亚战役	536 年
第一次与罗马订立协约	509 年
第一次希梅拉战役	480 年
第二次与罗马订立协约	440 年
汉尼拔·马戈进军西西里	410 年
夺取阿克拉加斯	406 年
第三次与罗马订立协约	405 年
迦太基与狄奥尼西奥斯订立协约	405 年
与罗马战端再起	397 年
希米尔科围攻叙拉古	396 年
希米尔科重返非洲	396 年

（公元前）

马戈入侵西西里	393 年
与狄奥尼西奥斯签订和约	392 年
战事又起	383 年
狄奥尼西奥斯袭击迦太基	368 年
狄奥尼西奥斯亡故	367 年
汉诺的密谋	340 年
克里麦沙之战	339 年
蒂莫莱翁去世	337 年
阿加托克利斯败于希梅拉	310 年
阿加托克利斯转战非洲	310 年
阿加托克利斯返回西西里	307 年
皮洛士进攻西西里	278 年
皮洛士撤离西西里	276 年
第一次布匿战争开始	264 年
杜伊利乌斯在米拉海战中击败迦太基舰队	260 年
雷古鲁斯在埃克诺穆斯获胜	256 年
雷古鲁斯率军登陆非洲	256 年
克桑提普斯击败雷古鲁斯	255 年
利利巴厄姆围城战开始	249 年
克劳狄统帅的罗马舰队败于德雷帕纳	249 年
哈米尔卡·巴卡主政西西里	247 年

（公元前）

汉尼拔·巴卡出生① ·········· 247 年

卡图卢斯在艾古萨击败迦太基海军·········· 241 年

第一次布匿战争结束·········· 241 年

迦太基雇佣军暴动·········· 241—236 年

哈米尔卡·巴卡进入西班牙·········· 236 年

哈米尔卡·巴卡去世·········· 229 年

哈斯德鲁巴②遇刺身亡·········· 221 年

汉尼拔·巴卡夺取萨贡托与第二次布匿战争开始·········· 218 年

提契诺河会战与特雷比亚河战役·········· 218 年

特拉西美诺湖战役·········· 217 年

坎尼战役·········· 216 年

汉尼拔·巴卡在卡普亚越冬·········· 215 年

罗马征服叙拉古·········· 212 年

汉尼拔攻占塔兰托·········· 212 年

西庇阿兄弟战死于西班牙·········· 211 年

汉尼拔·巴卡进军罗马——攻陷卡普亚·········· 211 年

大西庇阿前往西班牙·········· 210 年

大西庇阿攻取新迦太基·········· 209 年

马塞勒斯去世·········· 208 年

---

① 原文为 Death of Hannibal，疑为笔误，公元前 247 年，哈米尔卡·巴卡之子、迦太基名将汉尼拔·巴卡出生。——译者注

② Hasdrubal Pulcher，哈米尔卡·巴卡的女婿，汉尼拔的姐夫。——译者注

(公元前)

哈斯德鲁巴·巴卡① 进军意大利 ……………………… 207 年

哈斯德鲁巴·巴卡战死于梅陶罗河战役…………………… 207 年

大西庇阿渡海进攻非洲……………………………………… 204 年

汉尼拔返回迦太基…………………………………………… 203 年

扎马战役中汉尼拔战败……………………………………… 202 年

第二次布匿战争结束………………………………………… 201 年

汉尼拔·巴卡去世…………………………………………… 183 年

罗马向迦太基派出使团……………………………………… 174 年

第三次布匿战争爆发………………………………………… 149 年

迦太基陷落…………………………………………………… 146 年

---

① Hasdrubal Barca，哈米尔卡·巴卡次子，汉尼拔之弟。——译者注

目 录

前　言 ……………………………………… 1

大事年表 …………………………………… 1

第一编　传说时代与早期史

　　第 1 章　狄多的传说 ……………………………… 003

　　第 2 章　迦太基的兴起 …………………………… 009

第二编　迦太基与希腊

　　第 3 章　哈米尔卡·马戈与汉尼拔·马戈 ……… 022

　　第 4 章　迦太基与狄奥尼西奥斯 Ⅰ ……………… 032

　　第 5 章　迦太基与狄奥尼西奥斯 Ⅱ ……………… 041

　　第 6 章　与狄奥尼西奥斯的最后一搏 …………… 054

　　第 7 章　迦太基与蒂莫莱翁 ……………………… 059

　　第 8 章　迦太基、阿加托克利斯与皮洛士 ……… 063

第三编　迦太基城邦史

第 9 章　迦太基的探险者 …………………… 076
第 10 章　迦太基的政体与宗教 …………………… 082
第 11 章　迦太基的财政与贸易 …………………… 090

第四编　迦太基与罗马

第 12 章　在西西里与海上的战役 …………………… 102
第 13 章　入侵非洲 …………………… 111
第 14 章　西西里岛烽烟再起 …………………… 121
第 15 章　迦太基与雇佣军之乱 …………………… 130
第 16 章　迦太基与西班牙 …………………… 137
第 17 章　从埃布罗河到意大利 …………………… 143
第 18 章　在意大利的第一场战役 …………………… 150
第 19 章　特拉西美诺湖战役 …………………… 156
第 20 章　费边及其战术 …………………… 161
第 21 章　坎尼战役 …………………… 166
第 22 章　坎尼战役之后 …………………… 172
第 23 章　形势逆转 …………………… 178
第 24 章　获胜的最后时机 …………………… 189
第 25 章　迦太基与罗马的终极之战 …………………… 197
第 26 章　流亡的汉尼拔·巴卡 …………………… 206
第 27 章　走向终局 …………………… 212
第 28 章　围攻与迦太基的陷落 …………………… 219

第一编

传说时代与早期史

我们对这段历史知之甚少，而如此之少的史料又很难定位到某一个确切时期。我们的资料主要来源于两位学者，一位是生卒年不详的作家贾斯廷（Justin），他撰写了一本关于庞培·特洛古斯（Pompeius Trogus，公元前85—前15年？）早期作品的摘要；另一位是波里比阿（Polybius），他为我们提供了迦太基与罗马的订立协约的资料。

关于波里比阿，后文还会提到。

第 1 章
狄多的传说

推罗国王马尔格努斯（Malgernus）去世了，留下了一个儿子皮格马利翁（Pygmalion）和一个女儿。女儿唤作埃莉萨（Elissa）或是狄多（Dido），是一位美丽绝伦的少女。虽然皮格马利翁还是个孩子，但推罗人仍拥立他为王。埃莉萨则嫁给了自己的舅舅——赫拉克勒斯神（Hercules）的祭司阿克巴斯（Acerbas），也有人叫他希凯乌斯（Sichaeus）。在推罗人中，赫拉克勒斯神的祭司拥有仅次于国王的尊荣。阿克巴斯占有大量财富，苦恼于如何隐匿这些财产，出于对国王的惧怕，他把这些财宝搬离住所、埋到地下。不过这件事还是变得尽人皆知。

国王皮格马利翁被贪婪控制，不理会人类的法律，也不尊重自然的情感，杀死了阿克巴斯，尽管这个人是他母亲的兄弟、他姐姐的丈夫。

埃莉萨一连很多天不与她的弟弟见面，但最终，她不得不表现出愉悦的神情，假装与他和好。她这样做，并不是因为对弟弟的怨恨消减了，而是想要离开这个国家——有人怂恿她说，城里的许多贵族也对国王非常不满。带着这种想法，她对皮格马利翁说："我已经受够了悲伤，求你容我住到你家里来吧，这样我就不再想那些烦心事了。"

国王听了非常高兴，他心里想的是阿克巴斯的全部财富也会随同他的姐姐一起落入自己手中。不过，当他派仆人把他姐姐的财物搬到自己宫殿里去时，埃莉萨说服了那些仆人与她一起逃离。仆人们帮她把财宝搬到船上，埃莉萨还带上了那些追随她的民众。起航后，她做的第一件事就是按时向赫拉克勒斯献祭。她先是航行到塞浦路斯，在那里，众神告诫朱庇特神（Jupiter）的祭司襄助她的事业，作为报偿，他以及他的后世子孙将永远在她将要建立的城市里担任大祭司。在塞浦路斯，她还掳走了一群女子作为她的子民的妻子。

皮格马利翁知道姐姐已经逃走后，暴跳如雷，想要派人追杀她。不过，他还是听从了母亲的恳求，更重要的是，他害怕诸神的报复，最后只能作罢。正如先知预言的那样：如若尔等妨碍这世上最富饶之城的创生，厄运必将降临于汝。

经历了这些之后，埃莉萨女王来到非洲，她发现

第一编 传说时代与早期史

这里的人们对陌生人很热情，还特别热衷做生意。于是她与当地民众订立了一个契约，买下了一小块土地，可以让自己的追随者们有一块落脚点补充体力，如此的长途跋涉，他们现在已经疲惫不堪了。契约规定这块地的大小只能到用一块牛皮遮盖的程度，她把一块牛皮切成很多小条，这样就可以围出一块更大的地方来，而又不违背契约。这个地方后来被称作拜尔萨，意为牛皮。

很多当地人带着货物到拜尔萨交易，没过多久，这里就成了一座远近闻名的城镇。推罗人之前建立的尤蒂卡城也派出使者，声称自己与这些新来的当地人有着血缘关系，要求他们到自己居住的地方修建房屋。但这些未开化的人不愿意离开。于是，大家一致同意建造了一座美丽的城市，给它起了个名字，叫作迦太基。埃莉萨和当地人达成协议，她每年要为建造这座城市所占用的土地支付一定贡物。他们最初选了一块地，在刚要奠基的时候，发现了一个牛头。占卜者解释说，这预示着这块土地颇为丰饶，却充满了劳碌奔波，城市将永远为他人所奴役。于是，他们挪到另一个地方建城，当他们在那里重新开始挖地基时，又发现了一个马头，于是先知又预言："这是胜利的预兆，将会有一个能征善战的强大国家在这里崛起。"

此后，这座城市繁盛起来，埃莉萨女王的美貌也闻名遐迩。摩尔人国王伊阿鲁巴斯（Iarbas）召迦太基的使者前去见他,他说:"回去告诉你们的女王,就说我要向她求婚。如若她不肯,我就向她以及她的城池开战。"

但使者们不敢对女王直言,就想出一个狡猾的办法,他们说:"伊阿鲁巴斯国王想要找一个能教化他的民众、教给他们举止得当的生活方式的人,可是又有谁会愿意告别自己的亲族,到那些有如旷野中的野兽一般的野蛮人中间去呢?"

女王责备他们道:"为了国家的利益,任何人都应忍受生活的艰辛;不,如果需要的话,他必须为此献出自己的生命。"

使者们随后说:"女王啊,这些华丽的断语出自您自己之口,如果您愿意效命于自己的国家,您劝导别人做什么,自己就应该做什么。"

就这样,埃莉萨落入了圈套,当觉察到这一点时,她先是痛哭着呼唤她的丈夫阿克巴斯的名字,接着就宣布自己准备好去践行众神的意旨。她说:"我需要三个月时间,以便我诀别过往。"

使者们同意了,于是女王在城的最远处建了一座很大的火葬堆,在那里她可以祭祀死去的人,在她再嫁之前抚慰阿克巴斯的幽魂。在献祭了许多牛羊之后,她自己爬上了柴堆,手里拿着一柄利剑,看向聚集在柴堆周围的人们,说道:"你们让我到我丈夫那里去,看好了,我要走了。"然后,她把剑刺进了自己的心脏，就这样死去了。

这就是迦太基建城的传说，维吉尔（Virgil）在创作他的伟大诗篇《埃涅阿斯纪》时，搜罗到这些素材，他采纳了这些传说，并按照自己的意图进行了大胆的改编。他写道：

> 埃涅阿斯（Aeneas）被众神从特洛伊城的废墟中解救出来，成为罗马的缔造者。他离开特洛伊之后，历经漂泊，来到了西西里岛，并从那里扬帆前往意大利，那是上帝赐予他的应许之地。但神后朱诺（Juno）无法忘怀自己对特洛伊子弟的愤怒，掀起一场巨大的风暴，袭击了埃涅阿斯的船队。风暴把船队打散了，一些船只沉没了，余下的一些被拍打到非洲海岸靠近埃莉萨（狄多）所在的地方，她刚刚在这里建造了迦太基城。埃涅阿斯和他的同伴们受到了埃莉萨的热情款待，可这对他的母亲维纳斯（Venus）来说还不够。她自言自语道："女王和她的民众对我儿子的看法或许会发生改变，到时他们就不会友善地对待他以及特洛伊人了。"于是她心生一计，让她的小儿子爱神丘比特乔装成埃涅阿斯的幼子阿斯卡纽斯（Ascanius），把真正的阿斯卡纽斯抱到她在塞浦路斯的凉亭里，哄他入睡。与此同时，埃涅阿斯在一个盛大的宴会上接受女王的款待，讲述着特洛伊城沦陷的故事以及他颠沛流离的经历，当他侃侃而谈时，丘比特假扮的阿斯卡纽斯依偎在女王膝上，趁机向她心中吹入爱的气息。在这之后，朱诺找到维纳斯，对她说："你我之间怎

么会产生敌意呢？我爱迦太基人，你宠溺特洛伊人。我们可以立约，使他们在同一座城池中合二为一，为了这个目的，就让埃涅阿斯做狄多的丈夫吧。"

维纳斯对此表示同意，这件事本来就是她谋划好的。但这个结果却让朱庇特深感不悦，他认为埃涅阿斯竟然忘记了自己肩负的伟大使命，于是叫来信使墨丘利（Mercury），对他说："去见特洛伊人的首领，他正在迦太基逗留，忘记了他必须到意大利去建造那座城市，告诉他必须做好离开的准备。"

墨丘利把口信带给了埃涅阿斯。埃涅阿斯明白众神的旨意，就吩咐同伴们立刻准备好船只。时间一到，埃涅阿斯就离开了，尽管非常不情愿，可他知道自己无法违抗诸神的意志。狄多看到他走了，就命令手下人堆起一个火葬堆，然后爬上柴堆，用埃涅阿斯留在她房间里的那把剑自杀了。

第 2 章
迦太基的兴起

如前所述，出于对诗歌写作的考虑，维吉尔修改和重塑了埃莉萨（狄多）的传说。这个做法很大胆，因为他把迦太基女王与特洛伊英雄放在一起，而这两个人物在时间上相隔了200多年。在《埃涅阿斯纪》里，阿斯卡纽斯建立了阿尔巴王国，并且让它延续了300年之久，直到维斯塔神（Vesta）的女祭司为马尔斯（Mars）生下一个儿子。

这个孩子日后将创建伟大的罗马城。因此，从埃涅阿斯进入意大利到罗马建城之间，必定有着300多年的时间间隔。但是，人们普遍认为迦太基早于罗马不足100年。如果按照贾斯廷的说法——我在第1章讲述的那个传说就是从他那里看到的——罗马城可能建于公元前850年，但我们千万不要觉得这个日期会像《美国独立宣言》发表或是滑铁卢战役爆发的时间那样确定无疑。

据说，迦太基的第一批创建者来自推罗，这很可能是真实的历史。可以确定的是，他们是以推罗为主要定居城市的腓尼基人。腓尼基人定居在一小块条状土地（面积不会比美国的新罕布什尔州大多少，大约有英国约克郡的两倍），它在地中海东南岸的一角，被称为巴勒斯坦的地方，我们从《圣经》的历史记述中得知，这个地方名叫迦南。希伯来人从埃及人的奴役中逃出来后，在公元前1400年左右入侵了迦南，征服了腓尼基人。不过，很多沿海居民仍然没有被征服。在他们的南方，是非利士人的五座城市，非利士人总是与邻居希伯来人交战，有时几乎就要击败他们了。① 在另一些时候，比如在大卫（David）与所罗门（Solomon）的时代，他们还会向希伯来人进贡。

推罗和西顿两座大城市坐落在北方，城中居民与希伯来人之间存在着普遍的友谊。腓尼基人是一个由水手和商人构成的民族，为了生计，不得不进口自己不愿意或是没有能力种植的作物。② 他们用自己的艺术品与手工艺品、从黎巴嫩的雪松林里砍伐的木材、青铜与铁制品、紫色染料来购买这些食物。作为商人，他们的确走得很远，在寻找新的交易市场的过程中，他们有着重大的发现。有人说，他们往南走到了好望角，当然也过了塞拉利昂；向北远至不列颠，他们从那里获取锡，

---

① 按照《撒母耳记（上）》第13章的描述，以色列人只能到非利士人那里将自己的金属工具研磨锋利，只有国王与他的儿子才能拥有剑与矛。
② 我们看到所罗门向推罗国王海勒姆（Hiram）支付葡萄酒与橄榄油，以酬谢他在修建神庙过程中提供的帮助。以至1000多年后，推罗人不愿与大希律王（Herod）为敌，因为他们的国家曾"受惠于这位国王的国家"。

可能还有铜。关于这一点，我在下文还会讲到。无论如何，他们习惯于造访地中海沿岸地区，沿着这些路线，建立自己的贸易据点，我现在要讲的就是这些商业城市中最有名的一个。

"迦太基"（Carthage）这个词在拉丁语中写作"迦太各"（Carthago），在希腊语中是"迦基顿"（Karchēdon）。为了适应欧洲人的语言，它还有另一种词形——"基列"（Kirjath），我们在《圣经》中熟知的基列-亚巴（Kirjath-Arba）、基列-耶林（Kirjath-Jearim）这两个合成词就是由它构成的。① 基列的意思是"城镇"，对迦太基居民来说，他们所熟知的名字是基列-哈德斯查特（Kirjath-Hadeschath），或是"新城"。之所以这么叫，是为了区别于老城推罗以及更加古老的尤蒂卡，前者是迦太基定居者的来源地，后者位于迦太基西北17公里处，比迦太基早了差不多有300年。

"新城"建在一个有着天然良港的小海湾里，现在被称作突尼斯湾，沿着整个非洲北部海岸所能找到的最秀丽、最宽敞的港口就在这里。② 地点选得非常好，附近有一条河，叫作巴格拉达斯河（现在的梅杰达河）。③ 这片土地水量丰沛，物

---

① 迦太基人与希伯来人在命名上的相似性很有意思，这也向我们展示了犹太人、迦南人或是腓尼基人部落之间的血缘关系有多紧密，即便他们几乎总是彼此敌对。例如，迦太基城的首席法官叫作"Shophetim"，希伯来语中表示审判官的词被罗马人说成是"Suffetes"。再举一个哈米尔卡的例子，这个人我后文还会讲到，他姓巴卡（Barca），而巴卡这个词与希伯来语中的"Barak"一样，都是"闪电"的意思。

② 现在的突尼斯城位于古代迦太基偏东南一点，在古典时代有一个叫作突尼斯（Tunis or Tunes）的地方，不过一直是个小镇。

③ 它真正的出海口在尤蒂卡。

产富饶，盛产谷物、葡萄酒和橄榄油。在被彻底摧毁后的两个世纪里，重建的迦太基成为罗马帝国的第三大城市，而它的现代继承者也成为世界上最大、最繁荣的伊斯兰城市之一，这些都证明了它优越的自然条件。

我们对这座城市的早期历史知之甚少，事实上，可以说是一无所知，有超过两个世纪的历史认知是完全空白的。关于迦太基及其所作所为，我们没有确切的资料，尽管可以猜测，迦太基贸易繁荣，有时会与内陆邻近国家、非洲沿岸、西西里岛以及西班牙等地的定居者爆发战争。大约在公元前6世纪中叶（时间不是很确定），我们可以确知有一位名叫马尔丘斯（Malchus）①的国王或是酋长向邻近城市的非洲部落开战，征服了他们中的很多人。他从非洲出发，横渡地中海进入西西里岛，征服了它的一部分。从西西里岛出发，他又去了撒丁岛，与当地人发生了一场大战，他被打败了。迦太基人对待那些战败的将军们总是很残忍，而且经常不公正——马尔丘斯被判处流放。

他拒绝服从，并率领军队进攻自己的祖国，执政官们派他的儿子加泰罗（Carthalo）前往调解，但没有成功，被他钉死在城墙上每个人都能看到的地方。没过多久，这座城市被迫投降，但马尔丘斯仅满足于处死他的十个主要对手。不久，那些被他赦免的人反将他送上法庭，并判处他死刑。

马尔丘斯之后是马戈（Mago），他进一步加强了迦太基

---

① 我们再看迦太基人与希伯来人姓名的相似性，那个在客西马尼被彼得割去耳朵的大祭司的仆人，"他的名字叫马尔丘斯"。

的军事力量。他统治或者说担任首席执政官的时期——迦太基曾经有过国王,但很难说这个头衔是在什么时候被废除的,事实上,它有时倾向于设置首席执政官,直到其历史晚期——或许可以认为是涵盖了公元前6世纪余下的部分。到目前为止,这个国家第一次在历史上有了一个明确的坐标。希腊人在小亚细亚西海岸有一个名叫弗西亚的殖民城邦,那里的居民为了不屈从于波斯人的统治,逃离了自己的家乡,他们发誓,除非他们扔进港口的一个铁块浮出水面,否则绝不返回。但没走多久,思乡的愁绪就胜过了自己的誓言,于是有一半多的人就又回来了。剩下的人带着妻儿继续跋涉,在科西嘉岛的阿拉利亚定居下来,那里之前就是希腊人的殖民地。他们在那里做海盗,要知道,在那个时候,这是一种体面的职业。五年后,迦太基人和伊特鲁里亚人联合起来对付弗西亚人,伊特鲁里亚是罗马北方的邻居,后来成为一个独立并且强大的国家。

双方爆发了一场大规模海战,弗西亚人有60艘从家乡带来的舰船,敌人的舰船数量是他们的两倍,一半来自迦太基,另一半来自伊特鲁里亚海岸的港口。希腊人最终惨胜,弗西亚损失了40艘舰船,被迫离开自己的新定居点,到别处去寻找庇护所。据说这场战役发生在公元前536年。

27年后,我们再次看到关于迦太基的信息。波里比阿[①]记载,他在罗马亲眼看到了罗马与迦太基签订的三个条约的副本。他说,三个条约中最久远的那个是在公元前509年,也就

---

① 见第四编概述部分对他的介绍。

是国王被赶出罗马之后的第二年完成的，所用的语言非常古老，即便是博学的人也只能勉强读懂。这个条约的内容很有意思——"罗马人和他们的盟友不能驶到公平海角之外"。"公平海角"位于迦太基以北，波里比阿认为，根据这一条款，罗马人不得向南航行到当时世界上最富有的国家之一所在的地区——小赛耳底（今天的加贝斯湾），由于她的富庶，那里被称作"市场"。更有可能的是，"公平海角之外"指的是她的西边，这一条款是专门用来保护位于西班牙的迦太基市场的。"在撒丁岛与非洲出售货物的商人不需要支付关税，只需向抄写员和通讯员支付正常的费用。"到目前为止，迦太基人似乎是"自由贸易者"，"如果任何罗马人在隶属迦太基人的西西里岛地区登陆，他们不会在任何事情上受到虐待或暴力。"最后，迦太基人承诺自己不会伤害任何一座拉丁城市，无论它是否隶属罗马。

若干年后——具体多少年，我们无从得知——又有记载说他们双方签订了另一项条约。此时的情形对罗马要不利得多，除了公平海角（遗憾的是，我们不知道它指的是什么地方）之外，罗马商人还受到其他两项限制，他们也不得在撒丁岛或是非洲进行交易，甚至都不得造访这些国家，除非是为了获得补给或是维修船只。不过，罗马人可以在西西里岛和迦太基进行贸易。迦太基人宣称有权从任何不受罗马统治的拉丁城市带走俘虏和战利品，但是不得占据这座城市——换句话说，他们不能染指意大利。很明显，在这段时间里，迦太基的权势增强了，而罗马的实力削弱了。在结束王政时代的第一个百年中，罗马确实遭受了许多损失，即便我们可能会从古罗马历史学家那里读到太多的溢美之词。

撒丁岛苏契出土的迦太基石碑

这样，我们对迦太基的权势与领土有了一些了解，她掌控着相当一部分非洲沿海地区，尽管仍然需要为其建设都城时所占用的土地缴纳租金。听说在马戈的子孙及继承人哈斯德鲁巴（Hasdrubal）与哈米尔卡（Hamilcar）的时代，迦太基曾拒绝支付土地租金，为此非洲部落还发动了战争，迫使他们重新缴纳这笔钱。迦太基声称整个撒丁岛都归自己支配，据说该岛是被哈斯德鲁巴与哈米尔卡征服的，哈斯德鲁巴还在这场战争中受伤而死。迦太基还控制了一部分西西里岛，关于这一点我后文再讲。马耳他也可能隶属迦太基，至于后来成为帝国重要组成部分的西班牙，截至此时，还没有与其产生什么瓜葛。

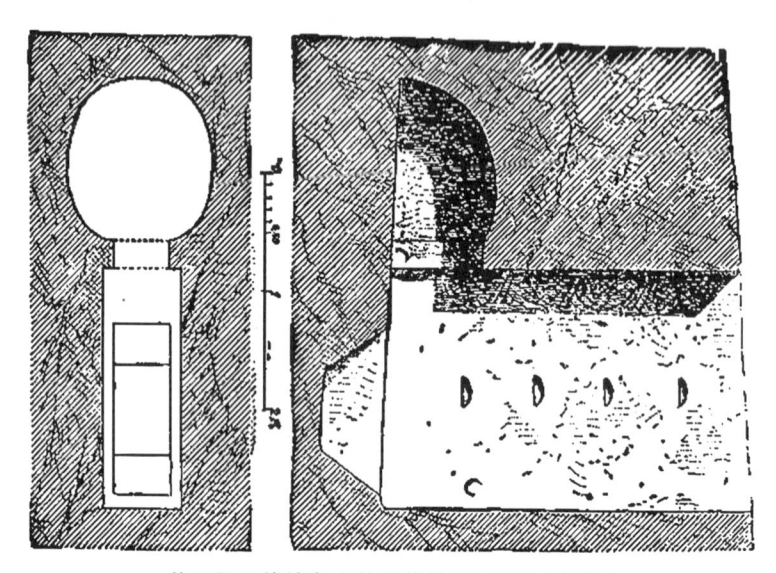

位于马耳他的迦太基墓葬的平面图与剖面图

正当忙于扩张领土、增强权势地位时，迦太基侥幸躲过了当时世界上最强大的帝国所带来的巨大危险。公元前525年，波斯第二任国王冈比西斯（Cambyses）征服了埃及。他轻而易举地完成了这项任务，接着四处寻找其他可以入侵的国家，征服了尼罗河口以西约800公里处的昔兰尼和巴卡这两座大城市。他原本打算沿着这个方向进一步推进，征服迦太基，使其成为波斯的附属国。但对他的军队来说，3000公里以上的距离太远了，这次远征必须交由他的舰队来完成。这时，他遇到了一个无法克服的障碍，他的舰队大部分是由腓尼基人的舰船组成的，而腓尼基人拒绝参加这次远征。他们说："我们受到之前向迦太基人立下的郑重誓言的约束，他们也是我们的孩子，若与他们开战，我们就罪孽深重了。"

冈比西斯不得不就此止步，放弃了征服迦太基的计划。

第二编

迦太基与希腊

在这一部分，主要的权威学者是狄奥多·西库路斯（Diodorus Siculus）。他是一位希腊作家，对这个时代的一切如数家珍。狄奥多出生于西西里岛，在他的著作《世界史》（他自己称之为《历史博览》）中，记录了人类从早期到其所处时代已知世界的历史。为了写这本书，他不辞辛苦地游历了书中述及的很多国家，还搜罗了相同主题的一些前辈作家的著述。该书的很多内容都已散佚，不过第11—20卷这十册书得以流传下来。由于对自己居住的西西里岛抱有本能的浓厚兴趣，他在这里倾注了更多心血。这十册书囊括了从第二次波斯战争开始（公元前480年）到公元前305年长达175年的历史，而且有最好的权威前辈作家可供借鉴。比如蒂迈欧（Timaeus），他记述了从人类早期到公元前264年的西西里史（他卒于公元前256年，享年96岁）。

狄奥多的不足在于史料运用上缺乏判断力，不过该书对这段历史的写作来说仍然有着非常大的参考价值，该书第20卷之后也有一些片段残存。关于这一时期的历史，贾斯廷也有所叙述。因此，总的来说，我们掌握了大量权威的资料。

第3章
哈米尔卡·马戈与汉尼拔·马戈

西西里岛是迦太基建立海外领地的首选，离她最近的地方不过60多公里远，那里土壤肥沃、气候温和、物产丰盈。我们之前讲到，在大约公元前6世纪末与罗马签订的条约中，迦太基人声称该岛的一部分属于他们，很可能当时他们并未完全占有这部分土地。200多年来，希腊人一直在各地建立定居点，他们是腓尼基人的劲敌，如果说他们不是精明的商人——在雅典，甚至在科林斯，贸易肯定不如在推罗与迦太基那么受重视——那他们至少像水手一样勇敢与灵巧，并且相对于对手来说，更愿意为自己应得的或是想要的东西而战。西西里岛上最早的希腊殖民地是位于东海岸的纳克索斯，于公元前735年由来自优卑亚岛的定居者建立。其他希腊城邦也在这一地区为他们过剩的人口寻找着生存空间，而一些殖民地则建立了新的定居点，最近的是在南海岸的阿克拉加斯，它是盖拉人建立的，也是克里特人和罗得岛人的殖民地。希腊人向西扩张,迦太基人在他们面前节节败退,直到自己的岛屿领土只剩下西海岸的几处贸易港口。确实,只要能和新来的这些人做生意,他们似乎就很满意。在大多数情况下,他们能与自己的对手保持友好关系,甚至允许通婚,至少在他们自己的城市里是这样。

但事实上,他们只是在等待时机,当波斯人第二次入侵希腊时,机会来了。一些历史学家指出,这两个大国一致同意联合起来,两面夹击,波斯进攻希腊本土的同时,迦太基向希腊在西西里岛的重要殖民城邦开战。另一些人则坚持认为:没有证据表明波斯和迦太基达成了任何协议。

冈比西斯大帝帐下的腓尼基海军将领们,在冈比西斯命令他们出海攻击自己的迦太基同胞时拒绝服从调遣,此时他们很可能做出类似的应对。无论如何,迦太基显然知道机会来了,并急切地抓住了它。马戈家族的一位成员被任命为总司令,他名叫哈米尔卡·马戈,率领一支军队从迦太基出发,当这支军队与从西西里等其

在西西里的索伦特发现的腓尼基石棺

他地方集结而来的后备部队会合时，据说总共达到30万人。如果不是因为运送战车和骑兵的舰队在风暴中被摧毁，人数还会更多。

这个数字可能被夸大了——古代史中的数据很少有可信的——但我们可以认为被征募的族群名单是真实的。据说，陆军由腓尼基人、利比亚人、撒丁人、科西嘉人、伊比利亚人、利盖人和赫利斯基人组成，前四个族群几乎不需要解释。腓尼基人是迦太基人的母国人，他们是来自腓尼基故土、塞浦路斯以及地中海沿岸其他定居点的同族人；撒丁岛是迦太基的属地，公元前509年的条约提到了它；科西嘉岛很可能当时已经被占领；伊比利亚人包括今天的西班牙人，迦太基对他们当时的国家有一定影响力；利盖人来自意大利半岛西北部的利古里亚①；赫利斯基人可能是沃尔西人，他们位于罗马的东南方，在一段时间里是罗马人最难缠的敌人。

哈米尔卡·马戈率领他的舰队主力安全抵达帕诺尔穆斯（现在的巴勒莫）。"战局已定"，据记载他如是说。他认为自己统帅的这支军队所向披靡，唯有大海能保全西西里岛。在帕诺尔穆斯，他让军队休整三天，并且修好了舰船，然后向着希梅拉进发。在那里，战士们把船拖上岸，挖了一条深沟，用木头筑成一道壁垒来保护它们。哈米尔卡·马戈让军队分别驻扎在两座营寨，舰队士兵们占据一座，陆军士兵们驻扎在另一座。两支军队覆盖了整座城市的西侧，相互策应，城内出击的

---

① 今天的皮埃蒙特。

一支敌人的部队在遭遇哈米尔卡的先遣部队后就被赶了回去。

此时，阿克拉加斯的僭主塞隆（Theron）被岛上最有权势的君主——叙拉古的革隆（Gelon）——任命为守军司令，他匆忙安排人手去襄助自己的首领。革隆准备完毕后，立刻发动了一支比其他希腊城邦都要强大得多、拥有50000名步兵和5000匹战马的军队，彻底加固在城市附近搭建的营地，派出骑兵开始袭击迦太基人的搜粮队。这些行动都失败了，却让希梅拉民众变得异常自信，他们决心进行抵抗，便凿开了起初用砖石封死的城门。

没过多久，决定性的战斗就打响了，革隆通过一个离奇的策略赢得了这场战斗，他的侦察兵截获了塞利努斯人写给哈米尔卡的一封信，信中说他们将在指定的一天派一支骑兵来协助他。于是革隆将自己的一些骑兵假扮成塞利努斯骑兵，借此进入迦太基人的海军营地，向这些侵略者发起了进攻。他们事先约定了一个信号，当准备行动时，就发出来。革隆派侦察兵到山上观察，并将信号传达给平原上的主力部队。

战斗从拂晓持续到日落，漫长又血腥，迦太基人逐渐丧失了战斗的意志，希腊人却对胜利充满信心。一夜之间，15万迦太基人（这肯定是一个不可能的数字！）倒下了，剩下的人逃到山上，因为缺水而被迫向阿克拉加斯人投降。关于哈米尔卡·马戈的命运，谁也没有确切的信息。有人说他被假扮的塞利努斯人盟军杀死了；还有人说他当时正在举行一场大规模的祭祀，要把所有死者付之一炬，看到大势已去，就跳进冲天的火焰里消失不见了。

一直没有找到哈米尔卡·马戈的尸体，希腊人便在战场上为他立了一座纪念碑；而迦太基人，虽然过去不习惯给予那些被打败的将军们地位，但在他死后，还是给了他应得的荣誉，这作为一种惯例年复一年地保持下来。

战事的其余部分则充满了悲剧色彩，哈米尔卡·马戈留下20艘船作为后备队，当其余舰船被困住时，它们就会派上用场，在哈斯德鲁巴带来的3000艘战舰与商船中，只有这20艘逃了出来，即便如此也没有全员安全返回，一场风暴过后，只有一条小船将大军覆灭的噩耗带回了迦太基。①

于是，这座城市笼罩在沮丧与悲伤之中，立刻向革隆派出使节求和。

和平的条件对于迦太基人来说十分严苛，他们必须支付2000塔兰特赎金，建造两座庙宇来铭记这件事的教训。一位作家在他的书中记述，和平条件中还有关于废除人牲祭这一丑陋习俗的一条。当然，如果最后这一条是和约的一部分，那迦太基人肯定是没有遵守。

据说，人们愿意相信，这场将西西里岛的希腊殖民地从迦太基大军压境的恐惧中解脱出来的希梅拉大战，与希腊人击败波斯人的萨拉米斯海战发生在同一天。

---

① 薛西斯（Xerxes）在希波战争中战败，从希腊铩羽而归时的故事与之很相像。希罗多德（这位杰出的历史学家出生于公元前484年，即希波战争爆发的四年前）记载，薛西斯从陆路返回时，带回了相当一部分残军。不过，罗马诗人尤维纳利斯（Juvenal）仍然写道："在那死亡的浅滩，血红的污水泛起波澜，一叶扁舟飘来荡去，战败的君王愁绪万端。"他随后想要指出的，是"人类欲念的虚荣心"。

没过多久，迦太基就从这次损失中恢复过来，因为他们很快就强迫罗马达成了一项协议，但在随后的很多年里都没有再干涉西西里的事务。不过，公元前410年，西西里的一个城镇埃格斯塔向迦太基求援，请求他们协助自己对抗邻近的城镇塞利努斯。① 这两座城镇都靠近迦太基人的定居点，而如果塞利努斯这个所谓的侵略者变得过于强大又不被制止的话，迦太基可能就会遭殃。

迦太基决定施以援手，不过他们这样做的目的很可能是为70年前的那次战败复仇。巧合的是，当时掌握大权的汉尼拔·马戈（Hannibal Mago）正是在希梅拉大战中阵亡的哈米尔卡·马戈的孙子。在迦太基的两位首席执政官中，他的资历较老，希梅拉大战失败后，他的父亲吉斯科·马戈（Gisco Mago）被流放到塞利努斯城，他也是在流放中长大。历史学家写道：他天生憎恨希腊人，因此才会竭尽所能地说服自己的同胞参战。

经过几次无果而终的谈判，汉尼拔·马戈派出一支由5000名非洲人和800名意大利雇佣兵组成的军队前往西西里岛。塞利努斯的军队当时正忙于掠夺，面对突如其来的迦太基人，他们大吃一惊，损失了1000名士兵以及他们搜刮的全部战利品。

塞利努斯派人到叙拉古求援，埃格斯塔则再次向迦太基发出请求。迦太基的回应让西西里人深感意外，汉尼拔·马戈

---

① 奇怪的是，这两座城镇之间的纠纷，直接导致了雅典对叙拉古的灾难性远征。

集结了一支由西班牙人和非洲人组成的大军,他用60艘战船护送1500艘运输船驶抵西西里,其中最保守估计也有10万人,还配备了大量各种各样的攻城器械。汉尼拔·马戈毫不耽搁,一天也没有浪费,就向塞利努斯进攻。六座木塔面向城墙矗立,铁皮包裹的攻城锤向着城墙猛烈轰击,大批弓箭手和投石手奋勇发射,一时间乱石纵横、箭矢纷飞。由于承平日久,城墙的防御工事早已失修,没过多久,意大利雇佣兵就攻进了城池,后来又被击退了,损失惨重,进攻一度中止。

被围的塞利努斯人派出他们最矫捷的骑兵奔向叙拉古、盖拉与阿克拉加斯求援。这些城邦已经答应了这一请求,可正当他们还在准备的时候,汉尼拔·马戈已经满腔怒火地又一次发动进攻,将一大片城墙用攻城锤推倒了。

塞利努斯民众仍然绝望又勇毅地战斗着,持续了九天九夜,几乎对每条街道、每座房屋,双方都展开了激烈的争夺。最终迦太基人以人数取胜,塞利努斯仅有两三千名士兵逃脱了,各有大约两倍于此的男人和女人被囚禁起来,其余的都惨遭屠杀,据说尸体多达16000具。

就在迦太基攻占塞利努斯时,叙拉古的先头部队抵达了阿克拉加斯,他们试图与征服者达成协议。使节给汉尼拔·马戈带来口信,请求他释放俘虏,并且不要亵渎神殿。汉尼拔·马戈回答说:"塞利努斯人没能保住自己的自由,我必须对奴隶施加审判。至于诸神,他们已离开这里了,塞利努斯人所承受的怒火就是明证。"另一位使者素来与迦太基交好,汉尼拔·马戈对他说的话要略为温和一些,承诺迦太基人可以交出幸存者，他们获准居住在原来的城市中，耕种自己原来的土地，不过要向迦太基进贡，城墙也要被夷为平地。

据说，当时整座城市都被摧毁，直到今天，神庙的废墟上仍能看到石柱被推倒时留下的痕迹。

但塞利努斯并不是汉尼拔·马戈此次远征的真正目的，他的目标其实是希梅拉——70年前，他的祖父战死在那里。随后，他马不停蹄地向希梅拉进发（它位于岛屿的北岸），把40000大军部署在离城较远的地方，可能是为了应付来自其他希腊城邦的增援部队，自己带着余下的军队，再加上从西西里本土召集的两万后备部队，包围了希梅拉。

汉尼拔·马戈并不打算以迟缓的封锁行动取胜，而是像进攻塞利努斯那样猛烈地攻击这座城镇。城墙被轰击得支离破碎，出现了不止一个缺口。起初他攻不进去，所有希梅拉人都在英勇地殊死抵抗，还得到了来自叙拉古与其他地方的4000名士兵的援助。他们击退了迦太基人，修复了城墙缺口，这一胜利也使他们鼓起勇气追击敌人，只留下足够的兵力守卫城墙，就向敌人的防线猛冲过去。

令人难以置信的是，迦太基人居然投降了。他们的人数优势反而对自己不利，因为太密集了，以至无法展开行动。历史学家记载，迦太基人彼此之间的踩踏造成的伤亡居然比敌人的攻击还要多。出城反攻的希梅拉人大约有10000名，当想到那些无助的同胞此时正站在城墙上看着他们时，他们就全力以赴、殊死战斗。

这似乎要成为另一个马拉松战役，多达6000名攻城者

（以最保守和最合理的方式计算）被杀。但他们追击得太远了，汉尼拔·马戈率领预备队从驻扎的山上冲下来，冲向获胜的希腊人。在随后的一场激烈战斗中，希梅拉人和他们的盟友被打败了。他们将主力撤到城里，其中3000人不愿意或是不能够脱离战场，全部英勇地战死在那里。

在这样的危急关头，叙拉古派来25艘战船，这些舰船都参加了当时正在雅典和斯巴达之间进行的战争。起初，被围困的希梅拉城充满了希望，流传的消息是，除了这些战船，叙拉古人还将面向全民征兵，以帮助他们解围。但随后出现了一份令人不安的报告，说汉尼拔·马戈在他们的船上备好了精兵强将，打算在叙拉古的壮丁都被调走后攻打叙拉古。面对这样的警报，叙拉古的指挥官不敢继续留在希梅拉，下令战船必须立即返航，但承诺会尽可能多地带走那些无助的希梅拉民众。希梅拉人同意了这个提议，即便背井离乡让人心生恐惧，但这是那些可怜人唯一的逃生希望。于是，叙拉古人的舰船一直装到再也装不下人为止，随后这位叙拉古将军匆忙出城。据说，他甚至都没有停下来掩埋死去的叙拉古战士，很多无法登船的民众，选择跟着他们一起行军，宁愿徒步也不愿等待舰队归来。

他们的选择是对的，第二天，迦太基人再次发起进攻，被围困的军队人数锐减、疲惫不堪，经过前一天的战斗，他们在城墙上全副武装地挨过了一夜，但仍然坚持着。

战斗持续了一整天。第二天，叙拉古人的舰船回来了，但就在他们出现的那一刻，一大片城墙被攻城锤撞倒，汉尼拔·马戈的军队蜂拥而入，一场大规模屠杀随之而来，直到汉尼拔·马戈以严厉的命令要求活捉剩下所有的人，屠杀才告终。他这样做并不是出于怜悯，妇女和儿童被征服者们争抢瓜分，男人们被带到哈米尔卡·马戈生前最后一次露面的地方，其中 3000 人在那里被残忍地杀害，作为死者灵魂的赎罪祭礼。希梅拉遭受了彻底的摧毁，墙壁与房屋都被夷为平地，庙宇被劫掠一空，又在大火中焚烧殆尽。

西西里岛上的其他希腊城邦战战兢兢，生怕塞利努斯和希梅拉的厄运也会降临到自己身上。但至少在当时，他们的恐惧有所缓解。汉尼拔·马戈完成了他要做的事——为希梅拉大战的失败、祖父的死与父亲的流放都报了仇——感到满意。他将那些追随自己的西西里人放归还家，遣散了许多雇佣兵，留下足够兵力驻守在他占领的地方后，率领剩下的军队回到了迦太基。

汉尼拔·马戈带回了很多战利品与赃物，他的迦太基同胞们以最高的荣誉迎接他。在几个星期内，他就取得了如此大的胜利，超过了迦太基以往所取得的一切胜利。

第 4 章
迦太基与狄奥尼西奥斯 Ⅰ
（公元前 406—前 405 年）

汉尼拔·马戈在西西里的胜利鼓舞了迦太基人，他们开始设想整座岛屿都有可能成为自身的领地。于是，迦太基人决定再次远征，并任命汉尼拔·马戈为统帅。

起初，汉尼拔·马戈以年事已高为由拒绝了这个职位，但当他的一个亲戚——汉诺（Hanno）的儿子希米尔科（Himilco）——要与他一起指挥时，他同意参与这次行动。两位将军派出使节，与西班牙和巴利阿里群岛的首领们举行会谈，他们打算去非洲部落与沿海地区的各个腓尼基人定居点征募军队，然后从其他国家招募雇佣军，尤其是意大利。但以前汉尼拔·马戈军队中的意大利人认为自己遭到了不公正待遇，就投奔叙拉古军队去了，这可是一支非常强大的力量。

终于，在公元前 406 年，也就是第一次远征的四年后，迦太基的侵略军再次扬帆起航。按照最保守的计算，这支军队有 12 万人之多，有一位作家记载的数据几乎是这个数字的三倍。他们乘坐 1000 多艘运输船，在 120 艘战舰的护送下，浩浩荡荡地出发了。

而他们的对手，希腊人也吸取了教训，这次决心要尽早准备抵抗，不能再迟缓。当时，40 艘迦太基舰船已经提前抵达西西里，作为回应，叙拉古人也派出了一支实力相当的小型舰队。两支舰队在著名的厄律克斯海角附近相遇，经过长时间战斗，叙拉古人取得了胜利，击沉了敌人 15 艘船，其余的敌舰撤回非洲海岸。

厄律克斯的一座攻城塔

汉尼拔·马戈得到的情报却是相反的，所以他率领 50 艘新船又出发了。

在这支新军队到达之前，叙拉古的舰队已经撤退，他们明白,迦太基人这次入侵是不可避免的,剩下的工作就是要尽可能地为抵抗侵略做最好的准备。叙拉古向意大利的希腊人、斯巴达人以及岛上所有同种族的城邦派出使节,以寻求帮助。处境最危险的城市是阿克拉加斯,它是岛上最富有、人口最多的城市,仅次于叙拉古,几乎与之持平。阿克拉加斯人毫不犹豫地展开了防御,他们与当时驻扎在盖拉的斯巴达人德西普斯(Dexippus)订立协约,他手下有 1500 名士兵。同时,他们还雇佣了 800 名坎帕尼亚的雇佣兵,这些雇佣兵曾在汉尼拔·马戈手下服役。

公元前 406 年 5 月,迦太基大军兵临城下。汉尼拔·马戈先是提出和平条件,提议双方结盟,而且表明态度:即便阿克拉加斯人不愿意结盟,他们只要对迦太基友好,在迦太基准备发动的战争中不支持任何一方就足够了。但阿克拉加斯人不愿背弃同胞的事业,拒绝了这两项提议。

于是,汉尼拔·马戈开始攻城。阿克拉加斯的城墙非常坚固,又经过精心修缮,它建在连绵的山丘上,有些地方的高度超过 1000 米。阿克拉加斯人在山坡上筑起城墙,从坚硬的岩石中凿出一堵墙来,使得整座城只有一个地方适合进攻。对于这样的形势,迦太基的将军们动用了他们的攻城器械,利用两座高塔从空中进攻城墙上的防御部队。战斗持续了一整天,没有任何结果。夜里,阿克拉加斯人突然出击,烧毁了迦太基人的攻城装置。

汉尼拔·马戈决定利用墓碑——它们还是像往常一样位于城墙外围——垒成石丘,重新发起进攻。这些坟墓中最壮观的要数塞隆的,他在大约 80 年前统治阿克拉加斯,还参加了击退迦太基人第一次入侵的战斗。这一次,正当迦太基士兵们忙着推倒墓碑时,一道闪电击中了它。于是,一种诡秘的恐慌蔓延开来——士兵们回到营地后说,那些遭冒犯的死者亡灵们纠缠着他们,接着营地里爆发了瘟疫,大量人员死去,甚至包括汉尼拔·马戈。

阿克拉加斯的先知们趁机宣称:众神正在以这种方式向迦太基人犯下的亵渎行为宣泄怒火。因此,希米尔科只好下令,停止拆毁墓穴,而且为了赎罪,他还把一个孩子献祭给萨图恩(Saturn)或是摩洛(Moloch),并把很多动物扔进海里,作为对海神涅普顿(Neptune)的祭品。与此同时,他也加紧攻城,在附近一条河上筑起水坝,将城镇的三面包围起来。就在他忙着做这些事情时,希腊人的救援部队赶来了,他们是来自大希腊地区(Magna Graecia)①以及西西里岛希腊城邦的军队,达弗涅斯(Daphnaeus)将军率领步兵 30000 人、骑兵 5000 人在陆上行进,一支由 30 艘战船组成的舰队沿着海岸航行,与陆军并驾齐驱。

希米尔科派出他的西班牙和意大利军队迎战,战斗在希梅拉河西岸打响,最后,希腊人以损失 6000 人的代价击败迦太基人取得了胜利。后世对此战役的评论是:如果不是因为达弗涅斯的小心谨慎,希腊联军可能已经被消灭了。他记得上一次希梅拉人是如何在胜利时刻遭到攻击与屠杀的,严令军队不要

---

① 通常指意大利南部的各处希腊殖民地,见《罗马纪事》(*The Story of Rome*)第 39 页。

追击。他同样担心，仍拥有大量预备队的希米尔科故伎重演，所以阿克拉加斯的将军们并没有追击匆忙越过城墙逃亡的迦太基人。当增援部队进入城市后，士兵们自然对当天发生的事议论纷纷，有些人大声指责将军们懦弱，有的人甚至宣称他们被敌人收买了。民众拥向集市，在那里举行了一次公众集会。阿克拉加斯的将军们受到了审判，增援部队的一位将领卡马里纳的美尼斯（Menes）作为首席原告出席，而愤怒的民众根本不听被告的任何辩护，五人中有四人被抓住、用石头砸死，只有一人因为年轻才得以赦免。

起初，达弗涅斯想要进攻迦太基人的营地，但那里的防御工事太坚固了，于是他只好用骑兵控制道路，切断对方的补给。很快，迦太基人就尝到苦果，很多人死于饥饿，雇佣兵们挤在希米尔科的帐篷周围，吵着讨要他们的口粮，并宣称除非令他们满意，否则他们就会转投敌方阵营。希米尔科刚听说正有一支叙拉古补给队从海路前往阿克拉加斯，他唯一的希望就是把握住这个机会，于是恳求这些抗议者再等几天，并把迦太基军官们昂贵的杯子和盘子作为抵押品交给他们。

叙拉古舰队没有料到会遭到攻击，因为希米尔科从来没有试图夺取制海权。他们被出其

迦太基的银盘

不意的袭击彻底打败了,八艘战船被击沉,其余的被赶到岸边,迦太基人俘获了整支船队。这件事完全改变了战局,现在轮到阿克拉加斯陷入困境。没过多久,城里的意大利雇佣兵就离开了,他们说自己的服役期限已经届满,但据说是他们的指挥官德西普斯拿了迦太基人的贿赂,告诉他们城里没有粮食,他们可以到别处找到更有利可图的工作。当然城中粮食断绝是千真万确的,当将军们检查仓库时,发现除了立即放弃这座城市之外别无选择。

　　当天晚上,计划就实施了。军队掩护阿克拉加斯人撤离,以防备迦太基人追击,除了一些不能离开与不愿离开家园的人,阿克拉加斯的所有居民都挤在向东通往盖拉的道路上。黎明时分,希米尔科率军进入阿克拉加斯这座希腊人最富有的城市之一,建城300年来,从未有哪个敌人攻陷过它。房子里到处都是画作、雕像、华贵的家具和金银盘子。神庙里收藏着各种珍藏品,历代祖先供奉的祭品也都在那里。希米尔科什么也没给它留下,一切神圣的、有价值的东西都被一扫而空。① 阿克拉加斯最富有的一些人不愿离开故土,就躲进了雅典娜的神殿,当他们发现神也不能保护自己时,就放火烧了神庙,在熊

---

① 最珍贵的财产——事实上,唯一被提到名字的——似乎是著名僭主法拉里斯(Phalaris)的"公牛",它可以追溯到大约一个半世纪以前,是由一名叫作普瑞鲁斯(Perillus)的当地黄铜工匠制作的一种酷刑工具(受害者被关在里面活活烤熟)。据说这名手艺人是第一个领受这一刑具威力的人,这也许只是一个流言,事实上,关于残忍刑具发明者的故事远不止这一个,比如法国大革命时期的断头台,就是用它的发明者吉约坦(Guillotine)医生的名字命名的。但法拉里斯这个人、他的残忍,以及他使用的这种特殊酷刑,似乎都是历史事实,因为品达(Pindar)记载了这些事情,他生存的时代距离法拉里斯并不远。我们还会再次听到关于"公牛"的故事。

熊大火中死去了。

希米尔科在隆冬时节（即他第一次登岛的八个月后）占领了这座城市，直到第二年春天才离开。在出发前，他毁坏了这里的庙宇，把房屋夷为平地。接着，他就向盖拉进发了，一路蹂躏着这个实际上没有人试图保卫的国家，随后就开始进攻盖拉。在这段时间里，盖拉依靠自己的力量支撑着，它的位置不像阿克拉加斯那么好，防御也不像阿克拉加斯那么坚固，但仍然勇敢地坚持着，那些拒绝被送到安全地方的女性，她们的勇气令人侧目。

与此同时，叙拉古人的统帅狄奥尼西奥斯（Dionysius）[①]集结了一支增援部队，按最保守的估计，也有30000名步兵和1000名骑兵，以及50艘带甲板的船只。他率领这支军队向盖拉进军，在迦太基人和大海之间安营扎寨，试图切断他们的补给。经过20天的小规模战斗，没有取得什么战果，他决定向敌方营地发起进攻。按照计划，进攻将从三个方向同时展开——海上、城西以及最容易受到攻城器械威胁的那部分城墙。面向大海的营地一侧是最薄弱的，迦太基人也没有料到会在这个方向上遭受攻击，因此他一度取得了成功，如果不是在其他方向上失败，很可能在那天就已经锁定了胜局。

原定的城西作战开始得太晚，当行动开始时，海滨的战斗已经结束了。至于狄奥尼西奥斯欲亲自指挥的摧毁攻城设施的袭击，则根本就没有付诸行动。

---

① 他是出了名的头号僭主，利用迦太基人的胜利给他的政治对手带来的耻辱，他在叙拉古建立了自己的最高权力。

第二编 迦太基与希腊

如此一来，盖拉就只能承受与阿克拉加斯、希梅拉同样的命运——被遗弃在敌人的烧杀抢掠中，损失殆尽。狄奥尼西奥斯向希米尔科提出第二天停战以埋葬死者的请求，这让希米尔科放松了警戒。当天夜里，盖拉城中凡是有力气的人赶紧跑出了城，卡马里纳城的人也按同样的办法撤离，两座城市最后都被迦太基人洗劫一空、夷为平地。

如今，整个西西里岛都已落入迦太基的掌控之中，唯一未被攻克的主要城市就是叙拉古了。有人可能会问：为什么希米尔科没有在盖拉和卡马里纳陷落之后就立即向叙拉古进军？正如我们以后可能还会有疑问：为什么汉尼拔·巴卡在坎尼战役之后，没有立即选择进攻罗马？毫无疑问，他记得若干年前，希腊派出的一支前所未有的强大远征军，就是在这座城市的城墙前惨遭失败的。养活、维持如此庞大的一支军队，必定也有着很大困难，但最有力的解释可能是鼠疫的第二次暴发。在前一年夏天，鼠疫就在他的营地里肆虐过一次，现在又到了炎热的夏季，它很可能① 又一次暴发了。无论如何，我们知道当他回到迦太基时，疫病流行使他失去了一半的军队。

不管出于什么原因，他确实主动派使者去叙拉古和谈，狄奥尼西奥斯听了非常高兴，于是双方签订了如下条约：

第一，迦太基将保留她的旧定居点，以及那些西西里部落的定居点。

第二，关于塞利努斯、阿克拉加斯、希梅拉、盖拉与卡

---

① 我说"很可能"是因为历史学家（狄奥多·西库路斯）并没有明确地陈述这一事实，尽管有着强烈的暗示。

马里纳，允许那些幸存下来的原有居民重新占据，但不允许他们修筑城墙，并且还要向迦太基进贡。

第三，莱昂蒂尼、墨西拿、西库尔部落获得独立。

第四，叙拉古仍由狄奥尼西奥斯统治。

第五，双方囚禁的俘虏与劫持的船只都要归还对方。

这次战役虽然是成功的，但以迦太基的灾难而告终。军队带回了瘟疫，迦太基以及邻近地区的大量民众死在了瘟疫中。

第 5 章
迦太基与狄奥尼西奥斯 Ⅱ
（公元前 397 年）

我们看到，公元前 405 年和约的条款之一就是维持狄奥尼西奥斯在叙拉古的统治。当然，这种来自外国的支持并没有让他更受欢迎，一旦他觉得自己足够强大时，就会弃之不顾。公元前 397 年，他召集叙拉古人开会，竭力主张向迦太基开战。他说："瘟疫削弱了迦太基人的力量，但他们还是对我们心怀不轨，一有机会就会卷土重来，我们最好在他们恢复力量之前击败他。"叙拉古人十分赞同这个提议，更重要的是，狄奥尼西奥斯允许他们掠夺那些居住在叙拉古的迦太基人的财产，以及碰巧停泊在叙拉古港口里的迦太基商人的船只。这个消息传遍整个西西里岛，几乎造成了一场大屠杀。迦太基残忍地利用了他们的胜利，但如今他们那些罪行又报应在了自己身上。迦太基人的统治是压迫性的，特别是在索取贡品的数量上，而迦太基人的生活习惯与生活方式也和希腊人相悖，导致在公元前

405年和约中成为迦太基附庸的那些希腊城市里，居民对迦太基的不满情绪的高涨。大屠杀之后，迦太基居民被屠戮殆尽，而西西里本地人也纷纷效仿希腊人，没过几天，迦太基在岛上的领土就只剩下在西海岸的据点。

这一切都发生在正式宣战之前。狄奥尼西奥斯没有忘记宣战这回事，他向迦太基派去使者，传达了一个口信：如果迦太基恢复西西里希腊城市的自由，就可以享有和平，否则就需要为战争做好准备。

对于战争，迦太基准备不足，上次战争的损失，以及导致那次战争结束的瘟疫都非常可怕。但执政者们还是不能接受叙拉古提出的条件，准备反抗。至少他们有源源不断的金钱供应，有钱总能招募到人，于是元老院的一些议员马上带着大笔金钱，到欧洲招募雇佣军去了。

狄奥尼西奥斯没等到他的信使们回来，就已经向岛屿西部进军了。他的目标是迦太基在西西里岛上的主要港口和军械库——莫蒂亚。一路上，他集结了所有希腊城市的全部军力，总共有80000名步兵和3000多名骑兵，还有一支由200艘舰船组成的舰队随同作战。莫蒂亚坐落在一个小岛上，与大陆隔着一条六弗隆①宽的海峡，往常有一道防波堤连接两岸，但在必要时，防波堤是可以被挪走的。于是迦太基人立刻移走了防波堤，狄奥尼西奥斯和他的工程师们对这里进行了一番探查后，就展开了围攻。所有的港口、海岸都被他们封锁了，海

---

① furlong，英国旧长度单位，1弗隆等于660英尺，约等于201米。——译者注

峡，或者说部分海峡被填塞起来，这样攻城器械就可以推进到城墙边上。而在迦太基，希米尔科已经受命指挥军队，他也没有闲着，派出10艘船到叙拉古，摧毁了港口里的大部分船只。随后在莫蒂亚，他对围城部队发动了更为凌厉的进攻，亲自指挥一支由100艘船组成的舰队，在夜间从迦太基横穿到塞利努斯，再从那里沿着海岸航行，拂晓时分出现在莫蒂亚，击沉或烧毁了负责封锁莫蒂亚的希腊战船，进入了港口。

希腊人的舰船已经驻泊在岸边，但狄奥尼西奥斯不敢贸然进攻希米尔科，港口过于狭窄，他无法利用自己的数量优势。不过，狄奥尼西奥斯在分隔港口与大海的狭长陆地上建造了一条木板路，让他的士兵拖着船在这条路上行进。当希米尔科试图阻止他们时，叙拉古军队就从陆地上投掷大量弹丸、用弩炮发射箭矢，击退了迦太基人。在当时，弩炮是一项新发明，吓坏了第一次见到火器的野蛮人。希米尔科的海军数量只有对手一半，他不敢冒险与敌方作战，而是返回了迦太基。

莫蒂亚的城墙

救援的尝试就这样失败了，狄奥尼西奥斯大力推进攻城作战。攻城锤轰击着城墙，弩炮时刻不停地发射着箭矢，将守军赶下城墙。攻城塔楼挺立在防御工事对面，有城里的房子那么高，共有六层，每一层都挤满了人。在迦太基这边，莫蒂亚民众竭尽全力进行抵抗，他们架起巨大的桅杆，士兵们站在桅杆上，把点燃的火把和浸过沥青的亚麻束抛掷到希腊人的攻城设施上，以此来应对从攻城器械上抛过来的投掷物。有一些攻城装置被点燃了，希腊士兵们不得不将注意力转向灭火。但攻击仍在继续，不久，攻城锤就把城墙砸出了一个缺口。一场激烈的战斗随之而来，希腊人怒火中烧，为曾遭受过残忍暴行的同胞复仇。

莫蒂亚人无法指望得到怜悯，不管是海上，还是陆地，他们都无路可退，只能选择绝望地奋勇抵抗。当不得不弃守城墙时，他们在街道上筑起了壁垒，把每栋房子都当作堡垒来守卫。希腊人把攻城塔搬到了街上，从塔楼进入房屋的上层。然而，莫蒂亚人并没有丧失勇气，而是毅然决然地战斗，这让我们想起犹太人抵挡提图斯（Titus）率领的罗马军队、英勇保卫耶路撒冷的故事。在这场巷战中，希腊人损失惨重，他们的对手完全不顾惜自己的生命，而且十分熟悉地形。最终，武力不能取胜，就用计谋来填补。连着很多天，当夜幕降临时，希腊人就会发出撤退的号角声，然后就退出了战斗，莫蒂亚的居民逐渐习以为常。有一天，狄奥尼西奥斯在入夜后派出一支精锐部队，发起突然袭击，在莫蒂亚人还没有意识到究竟发生了什么之前，这支小部队就已经在一些房子里站稳了脚跟，其余军队穿过海峡、倾巢出动、汹涌而来，莫蒂亚就这样被占领了。

紧接而来的，就是恐怖的屠杀，而这只是众多屠杀中的一次。狄奥尼西奥斯试图阻止屠杀，但没有成功，与其说他是出于悲天悯人，倒不如说是因为俘虏可以被卖作奴隶，换取大为可观的一笔钱。士兵们不理会他的命令，他只好宣布幸存下来的居民可以到神庙里避难，这倒是挺管用，于是士兵们转而开始抢劫。这次狄奥尼西奥斯没有试图阻止，为了激励士兵们参加接下来的战役，他把城里的所有战利品都给了他们，攻城最得力的分队长，获得了相当于400英镑的赏赐。

与此同时，迦太基一直都在筹备一支强大的军队，以重建在西西里的统治。这支军队总数达10万人，这是最有可能，也是最保守的估计。在西西里岛登陆后，又有30000人加入了这支军队。希米尔科被任命为指挥官，他知道在迦太基有狄奥尼西奥斯的密探，就给每艘运输船的船长下达了密令，命令他们驶向帕诺尔穆斯。途中，他们遭到一支叙拉古舰队的袭击，被击沉了50艘船，连同搭载的5000名士兵和200辆战车。随后希米尔科率领战舰赶到，叙拉古人只能撤退，他继续沿着海岸向莫蒂亚进发，不费吹灰之力就收复了它。狄奥尼西奥斯不敢直面其锋芒，退回了叙拉古。

希米尔科想出了一个非常大胆的计划，就是赶到位于岛屿东北边缘的墨西拿，那里有一个绝佳的港口，可以容纳他的所有船只——数量超过600艘。那里还靠近意大利本土，便于他从意大利汲取新的力量，而且那里扼守着希腊人往来西西里岛的通道。他率领舰队沿着北部海岸行进，在距离墨西拿约

14公里的佩洛伦安营扎寨,那里位于整个西西里岛的东北角。墨西拿人感到震惊与恐惧,他们的城墙年久失修,身边没有盟友,而且自己的一部分军队还驻扎在叙拉古。他们能想到的第一件事,就是送走妇女、儿童以及最珍贵的财产,然后开始准备防御。有些人因为想起一句古老的神谕而受到鼓舞——迦太基的子孙将在墨西拿的街道上负水前行。他们觉得这句话的意思是,在墨西拿将会出现迦太基奴隶。他们向希米尔科扎营的地方派遣了一支军队,告诉他们:墨西拿人将会抵抗任何攻占他们城邦的行动。希米尔科立即派出一支由200艘船组成的舰队向这座城镇发起攻击,他估计这里已经几乎没有守军了。一阵北风恰好把舰队迅速地吹向目的地——快得墨西拿士兵都追不上。一切如愿,迦太基军队登陆了,他们穿过城墙的空隙进入城市,几乎没有发生战斗,就占领了这个地方。一些墨西拿人徒劳地抵抗了一阵,另外一些人在邻近的要塞中避难,有200多人铤而走险,横渡墨西拿与意大利之间的海峡,其中50人成功逃到了意大利。希米尔科试图攻占那些要塞,没能成功,随后就向叙拉古进军了。

他的第一个目标是位于安泰纳山南坡的卡塔纳城,最初的计划是让陆军沿着海岸前进,舰队与之同步行进。但这个计划无法实施,因为就在行军过程中,安泰纳火山发生了一次严重的喷发,熔岩流从这座山的东坡与向海的山坡倾泻而下,使得他必须从山的西侧绕行。

狄奥尼西奥斯立刻利用了迦太基军队的这次分兵,决定趁舰队得不到附近军队支援时攻击它。他率领军队沿着海岸行进，即将抵达卡塔纳，叙拉古海军统帅雷普廷斯（Leptines）则率领舰队与之同行。率领迦太基舰队的马戈看到迎面而来的联军，起初感到颇为沮丧，可他别无选择，只能战斗。他的舰队也确实非常强大，加上运输船，共达500艘，这些舰船都在舰艏安装了黄铜喙用于攻击。

这位叙拉古海军统帅，可能有着热衷冒险的性格，狄奥尼西奥斯曾严令他的舰队保持严整队列，绝不能突破防线，只有这样，他才有希望在拥有数量优势的敌人面前站稳脚跟。可雷普廷斯不理会这些命令，他挑选了30艘速度最快的船，它们远远领先于其他舰只，大胆地攻击迦太基人。起初他很成功，击沉了许多敌方船只，但攻击他的敌军舰船数量是压倒性的，局面越来越难以控制，在近距离作战中，当彼此近到有可能登船时，无论指挥得多么精巧，一艘船也不会比另一艘好到哪里去。没多久，雷普廷斯就只能带着剩下的船逃到外海去了。叙拉古舰队的其余船只，就这样失去了自己的指挥官，只能在混乱中突进，对敌人几乎没有抵抗能力，100多艘船被劫持或摧毁。附近岸上的军队也没能为那些试图逃离沉船的士兵提供太多帮助，迦太基人派出许多小艇在水里截杀这些逃亡者，就在叙拉古人眼前以及能够听到同胞呼喊的地方，把他们屠杀了。据说，在这场战役中，希腊人损失了20000多人。

很多人强烈建议狄奥尼西奥斯在舰队遭遇惨败的消息传遍西西里岛之前，立即与希米尔科会面。他起初倾向于听从建议，但最终采纳了更谨慎的提议，撤回叙拉古。这很可能是个错误——不仅使得许多盟友厌恶他，还失去了沉重打击敌人的机会。此战一结束，恶劣天气就来了，迦太基舰队无法在海上航行，如果此时希腊军队没有撤退，而是固守岸边的阵地，就可能给对手造成巨大的挫败。而事实是，希米尔科及时地率领军队来支援他的舰队，他把迦太基的舰船以及那些从希腊人手中俘获的船只，都拉到岸上进行修理。士兵们也获得了休息的时间，随后他开始向叙拉古进军。在此之前，他派人到一个名叫安泰纳的小镇，狄奥尼西奥斯的意大利雇佣军就驻扎在那里，他邀请这些军队改换门庭，倒向他这一边。雇佣军们很想这样做，但却不能，狄奥尼西奥斯掌握着人质——他们最精锐的士兵就在其军中服役。于是，他们不得不拒绝了这个提议，希米尔科也只好把他们留在自己身后。

抵达叙拉古之后，希米尔科的第一步就是展示武力，他命舰只都驶入大港，共有200多艘战船。他用从卡塔纳缴获的战利品装饰这些战船，虽然这个港口有2.5公里长、1.5公里宽，却完全被它们填满了，据说整个军队达到30万人，但这无疑是一种夸张的说法。总的来说，迦太基人有着压倒性的武力优势，叙拉古人不敢在他们的港口或是城墙外露面。

希米尔科准备封锁叙拉古，他建造了三座要塞，用以储存葡萄酒以及其他必需品。与此同时，他还派商人前往撒丁岛和非洲获取新的物资。另一方面，狄奥尼西奥斯也派人前往希腊和意大利南部，希望能够集结一支志愿军与雇佣军。

胜利的天平难以向迦太基倾斜，一艘正在赶往希米尔科营地的运粮船，被从内港冲出来的五艘叙拉古舰船劫持了。迦太基人派出一支由40艘船组成的舰队来驱赶入侵者，就在这个时候，叙拉古人的整支舰队倾巢而出，攻击迦太基的这支分队，击沉了 24 艘，还俘获了旗舰。然后，他们到迦太基人阵前耀武扬威，并向希米尔科发出决战的邀约。

就在这时，希腊人的老盟友——瘟疫——第三次现身帮助他们。希米尔科像他的前辈们一样，不仅对敌人，也对朋友，都表现出对宗教信仰的漫不经心，为了获取建造要塞的材料，他破坏了城外的坟墓，还劫掠了那些没有设防的庙宇，将它们据为己有。得墨忒耳（Demeter）①与珀耳塞福涅（Persephone）②神殿就遭受了这一劫难。人们一般会将瘟疫传播归咎于这些亵渎行为，其实自然因素足以解释这些现象。一股巨大的力量聚集在一起，那是一年中最不利于生存的季节，按理说酷暑已经接近尾声，当时却异乎寻常的炎热。从历史学家的描述来看，当时在军队中暴发的瘟疫，似乎与现在称作鼠疫的疾病基本上属于同一种类型。病人先是肿胀，在经历了五六天最痛苦的折磨后，几乎都以死亡告终。被感染的风险，以及对此的恐惧使得人们无法给予病人应有的关注，甚至连死者都得不到安葬，据说当时多达 15 万具尸体被丢在地上任由其腐烂。如果这些说法，或是类似这种事情是真的，那么令人惊讶的就不是死了这么多人，而是竟然还有那么多人活了下来。

叙拉古人没有错失迦太基人遭此大难的良机，狄奥尼西奥斯计划从海上和陆地同时进攻。雷普廷斯和一名斯巴达军官受命指挥一支由 80 艘船组成的舰队，狄奥尼西奥斯则亲自指

---

① 希腊神话中的农业女神。——译者注
② 希腊神话中冥王哈迪斯之妻，人称冥后。——译者注

挥这次行动。他在夜间率军出城,在黎明时分对迦太基营地向陆一侧发动了袭击。起初,他遭遇挫折,但这都在他的计划之内——可以借机处理掉一群心怀不满的雇佣兵,让他们担任先锋,冲在最前面,随后被本该支援他们的叙拉古人抛弃掉,最终被迦太基人杀得片甲不留。不过,当狄奥尼西奥斯的军队向前推进时,他们又被迦太基人击退了,还丢掉了一座堡垒。与此同时,叙拉古人的舰船从另一个方向发起进攻,迦太基的船只人手不足,大部分船员无疑都死于瘟疫。无论如何,迦太基遭遇了惨败,军队原本就虚弱不堪,侧翼又被进攻的敌军分散了注意力,无法提供有效支援。许多船只都被遗弃了,希腊人放火烧了它们,火焰从一艘船蔓延到另一艘,直到几乎点燃了整个舰队,不管是军舰还是商船,都被火焰吞噬,甚至营地也被波及,其中的一部分被烧毁。这一次叙拉古人赢得了彻底的胜利,狄奥尼西奥斯当晚就在宙斯(Zeus)神庙附近扎营,那里原本是希米尔科新近建立的指挥部所在地。

陷入困境的希米尔科决定瞒着叙拉古民众,私下里与狄奥尼西奥斯对话。他出价300塔兰特,以换取狄奥尼西奥斯允许他带着剩下的军队撤到非洲去。狄奥尼西奥斯的答复是,要进行如此大规模的行动——把军队全部撤走,而不引起叙拉古民众的疑心,根本是不可能的,他可以答应让希米尔科本人以及迦太基的将领们逃走。对于狄奥尼西奥斯来说,他并不急于把迦太基人逼到绝路上去,或许在以后的某个场合,双方的友谊会对他有用,因为狄奥尼西奥斯自己的权力还不是很稳固,最近不止一个征兆表明,在叙拉古有一个强大的政治派系正在密谋推翻他。

希米尔科接受了这些条件，按照计划，他和其他迦太基本地人将在随后的第四天晚上秘密离开，届时狄奥尼西奥斯将会把叙拉古军队撤到城里。在约定的时间，迦太基人按时送来了赎金，希米尔科、他的部下和朋友，以及那些来自迦太基的战士登上了船，据说装满了40艘战舰。他们的潜逃行动并非没有引起注意，有人把这件事报告狄奥尼西奥斯，但他故意迟缓行动，停泊在港口里的科林斯人就率舰船独自去追击逃亡者，还俘获了迦太基舰队里一些航速慢的船只。

就这样，希米尔科这位迦太基统帅无耻地抛弃了自己的军队。不过，这支军队的结局可能比人们预想的要好——当地的西库尔人预计叙拉古人会发动袭击，于是立即离开了营地，大部分人都安全地回到了自己的家园。西班牙人投靠了叙拉古人，成为他们勇猛的前锋，狄奥尼西奥斯很愿意让他们为自己服务。剩下的军队投降了，被卖为奴隶。

没过多久，希米尔科就因自己的背叛与懦弱，而承受了理应领受的惩罚。这场可怕的灾祸让整个迦太基都陷入悲痛之中。家家户户、每间神庙都关上了门，所有的祭祀仪式都停止了，私营生意也歇业。整座城市都挤满了人，人们迎接着带回希米尔科以及他的军士们的那支船队，大家相互打听着亲友们的下落。当众人知道实情后，人群立时迸发一片哀号。将军本人穿着最简陋的衣服走下船，来到岸上，他把手伸向天空，为降临在他自己以及他的国家身上的厄运而大声痛哭。他能带给国人的唯一安慰是，他不是被敌人打败的，而是被天意征服的。与此同时，他公开承认了自己渎神的行为，并把那里发生的一切都归咎于自己，他走遍城里的每一座神庙，向神灵忏悔自己的不敬，然后回到家中，紧锁房门，连他自己的孩子也不让进去，就这样绝食而死了。

  迦太基人的不幸还没有结束。在这之前，他们看起来就要征服整个西西里，也确实只剩下一座城市没有攻下来，而几个月后，他们将不得不为自己的生存而战。在非洲盟友利比亚及其属民那里，迦太基似乎特别不受欢迎，遭到一致反对。利比亚人很快就集结起一支12万人的军队，在图斯设立大本营，有那么一段时间，由于这些人的力量非常强大，迦太基人被围困在城里，一度陷入绝望。除了看得见的危险外，人们还惧怕上天的震怒，因为希米尔科严重亵渎了希腊诸神，他在叙拉古住进了一座神庙，还抢劫了另一座神殿。迦太基政府立即出面，开始平息这些恐惧，那些被冒犯的神祇，尤其是得墨忒耳和珀耳塞福涅，她们此前在迦太基从来没有被祭拜过，这次迦太基人在城里挑选希腊族裔的年轻人遂行祭礼，用希腊人的方式向她们献祭赎罪。完成祭祀后，他们就投身于防御城邦的作战中，危险也确实很快就过去了。那些威胁他们的武装不过是一群蜂拥而来的乌合之众，他们内部无法达成一致，也没有名副其实的统领。由于没有船只，且迦太基人掌控着制海权，他们的给养很快就不够用了，迦太基却可以从撒丁岛运进足以满足自身需求的食物。迦太基人的巨额财富这时派上了用场，不仅用于购买粮食，还用于收买了一些最强大的敌人。几个月后，利比亚大军溃散了，迦太基也终于重获安全。

向珀耳塞福涅祈愿

第 6 章
与狄奥尼西奥斯的最后一搏

如今，迦太基的势力被限制在西西里岛西部的一小片区域，但他们并不满足于蜷缩在这些边界内，而是抓住了扩大地盘的第一个机会。狄奥尼西奥斯决心削弱那些始终对希腊人怀有敌意的土著部落，并随时准备壮大一支用于扩张的军队。西库尔人（当地两支土著部落之一，另一支是西卡尼亚人）在陶洛门尼姆新建了一处定居点，狄奥尼西奥斯竭尽全力想要占领这个地方，却被击退，损失惨重，他自己也受了伤。一些希腊城邦如今背弃了对他的忠诚，西库尔人也全都起来反对他。迦太基地区统帅马戈将军一直试图在民众与邻国中赢得声望，他立刻踏上战场，冒险向墨西拿进军。狄奥尼西奥斯在班师途中与马戈相遇，经过一番激烈的战斗，马戈被击败了，损失多达8000 人。然而，迦太基现在已经开始恢复力量，并决心再努力一次，至少要夺回该岛的一部分。执政者们从非洲、撒丁岛和意大利等这些通常的征募地，抽调了一支 80000 人的军队，还是交由马戈指挥，命其开往西西里岛。马戈游说当地部落，号召他们拿起武器对抗狄奥尼西奥斯，但在那些最强大的酋长中，至少有一位——名叫西库尔——拒绝了他。面对这一结果，马戈没有再继续鼓动。与此同时，狄奥尼西奥斯已经集结了20000军队，他与西库尔酋长达成一致，很快就把迦太基人逼到了绝境。

马戈退缩了，他发现在敌人的国土上安营扎寨，补给就成了问题，不得不求和。达成和平是可以的，但有一项条件是，迦太基往日的得力盟友西库尔如今必须臣服于叙拉古。到目前为止，这场战争以腓尼基人的明显失利而告终。

接下来的战争由狄奥尼西奥斯挑起，他在叙拉古的地位已经稳固，权势也在稳步增长，现在急切地想要把残存的对手们一劳永逸地从岛上驱逐出去，以巩固自己的权威。而对于迦太基属地的民众愤愤不平的情绪，狄奥尼西奥斯采取倾听他们的抱怨、鼓励他们反抗迦太基、接纳他们与自己结盟的策略。迦太基派出使节就叙拉古的这些做法提出抗议，但没有得到任何赔偿，于是决定开战。由于这将是一项艰巨的任务，他们所做的准备比以往都要充分。除了像往常一样招募大量雇佣兵之外，他们还从自己的公民中招募了一支军队，这是罕见的情况，表明他们意识到自己正面临着一个关键时刻。这场战争在意大利和西西里岛两个战场展开，我们不是很清楚战争是以何种方式进行的，对意大利的战事知之甚少，甚至可以说一无所知。在西西里发生了两场大战，第一场是在卡巴拉，狄奥尼西奥斯给他的对手造成重创，据说毙敌超过10000人，俘虏了多达 5000 人。指挥官马戈在交战中阵亡，幸存者们躲在一处没有水源的高地。迦太基人提出举行和平谈判，狄奥尼西奥斯回答说，只有满足以下条件他才会同意缔结和约：迦太基必须舍弃她在西西里的所有城镇，并为战争费用支付赔款。

条款苛刻得让人无法忍受，但妥协是必要的，负责指挥的将军们回复道：我们没有权力订立如此重要的条约，特别是在迦太基投降的问题上，必须将此事报告国内的执政者，请求休战些许时日。

狄奥尼西奥斯欣然应允。殊不知，迦太基人在偷偷准备反攻，他们把时间都用来训练部队，做好了重新开战的准备，为马戈举行了盛大的葬礼，并任命他的儿子担任统帅——虽是青年，却非常能干和勇敢。当休战期满后，迦太基人走出营地，向狄奥尼西奥斯发起攻击。这场战役发生在克罗尼姆，以希腊人的惨败而告终。狄奥尼西奥斯指挥一翼，他的兄弟雷普廷斯（叙拉古舰队的统帅）指挥另一翼。狄奥尼西奥斯将最精锐的军队纳入他的麾下，并一度取得了胜利，雷普廷斯则兵败被杀。他的死讯传遍全军，造成了一片恐慌。

迦太基人毫不留情地追击敌军，入夜后，他们不得不停下追击的步伐，据说有 14000 名希腊人丧生。不过，迦太基人并没有谋求更大的胜利，而是退回帕诺尔穆斯。为了防止命运之神不再眷顾自己，从而错失自己所能得到的东西，他们急忙向叙拉古派出一位使节，提出和平请求。狄奥尼西奥斯接受了他们的条件，那就是：迦太基赔款 1000 塔兰特，保留原有城镇，并占有塞利努斯及其周边领土，以及哈利库斯河以西所有阿克拉加斯的土地。

这份条约维持了15年，直到狄奥尼西奥斯又看到一个进攻宿敌的机会——迦太基再一次遭受以前困扰她的灾祸——瘟疫以及非洲属地的叛乱。① 于是狄奥尼西奥斯以迦太基人越界为由，率领38000名步兵与3000名骑兵攻入迦太基人的领地。塞利努斯、恩特勒斯和厄律克斯，要么被征服，要么投降。接着他又围攻利利巴厄姆，这是一个繁荣的港口。

起初，他集中精力围城，但发现这个地方的守军实在太强大，无法速战速决，随后有消息说迦太基人的码头被烧毁了，于是他揣测敌人的舰队一定已经全军覆没，就把许多船只都撤回国内，只在厄律克斯留下一支130艘船的舰队。但迦太基人似乎没有遭受预想中的惨重损失，他们武装了200艘船，开往西西里岛。希腊海军被打了个措手不及，损失了一半以上的舰队。随着冬天的临近，休战在即，可就在下一场战役打响之前，狄奥尼西奥斯却去世了。②

当然，战争并没有因为他的死而结束，但似乎也没有发

---

① 11年前，迦太基人远征意大利，战争胜利后，一场可怕的瘟疫在国内暴发，导致迦太基几乎失去了她的全部领土，非洲属地和撒丁岛都反抗她。"就在这时，"历史学家狄奥多说，"是神降下灾祸，让迦太基人遭遇了许多麻烦，离奇的恐怖事件、持续的恐慌情绪，让人们误以为敌人已经攻进了城邦，他们手持武器从房子里奔出来，相互扑杀，造成了一定死伤。"

② 据说，他死于在雅典举办的一场宴会，那场宴会原本是为了庆祝他的一部悲剧作品在比赛中脱颖而出而举行的。有一篇神谕这样说，当狄奥尼西奥斯打败了原本比他更强的人时，他就会死去。"他以为更强的人指的是迦太基人"，历史学家说，略显荒谬的是，他总是小心翼翼地不彻底打败迦太基人。可没想到的是，预言的真正含义却截然不同。他是个不入流的诗人，可那些曲意奉承他的评委们却违心地把他的作品捧上了天，抬到比真正优于他的那些诗人的作品更高的地位。所以，当他的悲剧作品夺冠时，神谕也就应验了，于是他就死了。

生更重要的事情。大约一年后,双方达成了和平协议,在接下来的20年里,迦太基的故事"几乎一片空白"。

第 7 章
迦太基与蒂莫莱翁

我在上一章说过，在狄奥尼西奥斯死后的 20 多年里，迦太基的故事"几乎一片空白"。然而，我们对她还是有一些了解的，可以肯定她在西西里的力量日渐增强。岛上希腊诸城邦则每况愈下，大多落入了僭主之手，而这些僭主又总是在钩心斗角或是彼此征战。

迦太基一直在寻找机会，以期扩大势力。到了公元前 344 年，迦太基的威胁变得非常明显，以至于一些被狄奥尼西奥斯的儿子流放的叙拉古人决定求助于科林斯。狄奥尼西奥斯是一位僭主，这一点在上文已经提及，现在是他的儿子执政。科林斯是叙拉古的母城，①双方关系一直很密切。科林斯人倾听了他们的请求，碰巧手里也正好有这么一个可以满足叙拉古需要的人——蒂莫莱翁（Timoleon）。他是科林斯人当中最优

---
① 叙拉古的建立者以及第一批殖民者都来自科林斯。

秀、最高尚的公民之一，但也是他们中最不开心的那个人，心里压着一块沉重的石头——他有一位挚爱的兄弟，企图在科林斯称王，被他下令处死了。另外一个传闻则说，为了拯救自己的国家，他做了件可怕的事情——杀死了自己的兄弟，然后把自己关在家里。当叙拉古人的使者请求他前往西西里时，他立刻表示愿意离开科林斯，甚至连他的同胞也都乐意打发他去叙拉古。

蒂莫莱翁召集了一支由10艘战船和700名雇佣兵组成的小队伍，作为远赴叙拉古的保障。迦太基人派一支小部队去拦截他，但没有成功，他设法逃脱并在西西里登陆，抵达并接管了叙拉古。

蒂莫莱翁给予叙拉古以及西西里其他城镇自治权，为了获得支撑其行动的资金，他抢掠了迦太基的领地。迦太基当然不会容忍这些行动。不久后战争就爆发了，迦太基人竭尽全力迎战他们的新敌人，集结了一支70000人的军队（随着了解不断深入，我们可能会发现这个数字越来越小，也越来越可信），积攒了大量补给。与往常一样，这支军队主要由雇佣兵组成，但也包括一支数量庞大的本土部队——据说有10000人。

迦太基军队被舰船安全运送到利利巴厄姆后，立即向东开进。而另外一方的蒂莫莱翁只有一支小部队可用于抵挡这支大军，在叙拉古，他最多只能搜罗3000人；至于雇佣军，在他赶走了1000名老弱病残与懦弱之徒后，还剩下差不多1000人。不过，他还是勇敢地率领近6000人出征，此时敌人正在克里麦沙河边安营扎寨。

第二编 迦太基与希腊

快到盛夏了，清晨，河边低地升起一片浓雾，希腊人看不见敌人的营地，但能听到从营地里传来的混乱的嗡嗡声。日头正盛，山谷里的雾气开始消散，尽管水汽还停留在山上，当薄雾散去后，河流就清晰可见了。迦太基大军正在渡河，四马战车打头阵，后面是一支严整的步兵队伍，有10000人，全副武装，手持白色盾牌。他们是迦太基本土人，行军有条不紊，步伐稳健。在他们身后，是一群混杂的雇佣部队，杂乱无章，不守规矩，为了谁应当先过河而争吵不休。蒂莫莱翁从中看到了机会，当时敌人的军队还没有集结起来，一些人正在渡河，另一些人则在远处的岸边。于是他率领军队进攻，而对于迦太基人来说，当希腊骑兵冲杀过来时，他们正挣扎着爬上河岸，刚要排成队形。起初，一次又一次的冲锋都徒劳无功，迦太基人的战车在阵前前后不定地突击，希腊骑兵无法对敌人的阵线造成任何破坏，还不得不竭尽全力防止自己的阵线被敌人冲破。蒂莫莱翁身边一支叙拉古人的小部队和挑选出来的雇佣兵，前来协助他的骑兵，他们建议不要再攻击敌人的前锋而是去进攻侧翼。

蒂莫莱翁把士兵尽可能地集中在一起，我们现在可以想象出来，就像马其顿人赢得诸多胜利的方阵那样。他们向敌人发起了冲锋，但当时就连他也一度无能为力——迦太基人身穿铁胸甲，头戴铜盔，握着几乎罩住全身的大盾牌，挡住了希腊人的长矛。就在这时，幸运之神，或者用希腊人的话来说，是云的创造者宙斯帮助了他们——一场暴风雨骤然降临，伴随着轰鸣的雷声和尖利的闪电，大雨从山上滚滚而来，飘浮在高处的薄雾又降到了河谷平原上，连带着狂风暴雨和冰雹。希腊人顺风进攻，风雨打在他们的背上，迦太基人却迎着风雨，大雨、冰雹和闪电让他们睁不开眼睛，雷声也盖住了下达命令的声音。后来，他们脚下的地面越发湿滑，厚重的盔甲变成了妨碍——他们几乎无法从一个地方挪动到另一个地方，站也站不住，一旦跌倒就很难再爬起来。再往后，新的麻烦出现了——这条河有一部分被雨水淹没，正在渡河的大量士兵被堵住，河水溢出了河岸。全副武装的迦太基人在水里跌跌撞撞地打滚，先是前锋被冲击得七零八落，接着整个先头部队都被击溃了，最后全军覆没。当时，很多人在河谷平原上被砍翻在地，还有一些人淹死在河里，更多的人则是在试图进占山丘时被希腊人的轻装部队所截杀。10000人死在战场上，其中至少有3000人是迦太基公民。

这座城市从未遭受过如此重大的损失，现在她哀悼的不是非洲人或西班牙人，而是她自己的"孩子"。

但战争仍没有结束。像往常一样，希腊人内部产生了分歧，蒂莫莱翁的政敌暗中请求迦太基继续作战，并承诺给予其帮助。随后双方又进行了一场战斗，结果还是一样。于是迦太基提出求和，条件是他们被允许留在哈利库斯河以西，但不得以任何方式干涉西西里诸城邦的内部事务。

第 8 章
迦太基、阿加托克利斯与皮洛士

蒂莫莱翁死于公元前 337 年。西西里享受了 20 多年的和平，然后希腊人内部就闹翻了，迦太基被其中一派势力请去帮忙助阵。蒂莫莱翁恢复了叙拉古的自由，但她再次落入僭主阿加托克利斯（Agathocles）之手，成千上万的市民被篡位者流放。

这些人在一个名叫戴诺克拉底（Deinocrates）的人的领导下，与迦太基人签订了条约。公元前 309 年，一支精良的远征队前往西西里，这是由 2000 名迦太基本地人组成的先遣队，其中有贵族出身的公民、从非洲和意大利招募来的雇佣兵，还有来自巴利阿里群岛的 1000 名投石手。一开始他们运气不好，一场巨大的风暴击沉了 60 艘战船和 200 多艘运输船，剩下的舰船抵达西西里岛时，情况非常糟糕。不过，在岛上招募新兵很容易，统帅哈米尔卡很快就聚拢了一支由 40000 名步兵和 5000 名骑兵组成的军队。阿加托克利斯与哈米尔卡相遇在西西里战争史上著名的希梅拉河，希腊人开局不错，阿加托克利斯在河边埋伏了一些部队，一支迦太基分队带着战利品准备过河时，遭到了叙拉古人的突然袭击，被赶回了营地。

叙拉古的指挥官觉得这是发动总攻的好机会，便下令进攻。起初，一切都很顺利，希腊军队袭击了迦太基人的营地，几乎就要占领它。然而，命运的天平发生了变化，巴利阿里的投石手加入了战斗，造成希腊人的大量死伤。但这时又来了一支非洲人部队，他们从后方发起进攻，迦太基营地的守军大受鼓舞，这次进攻最终被击退了。在两座营地之间六公里的空旷平地上，迦太基骑兵自由地往返冲杀，给那些逃亡者制造了可怕的杀伤。还有一个加大希腊人损失的奇怪原因——这场战役是在炎热的夏日正午进行的，许多溃逃者都奔向河边，而不是他们的营地。那条河里的水盐分很高，但他们太渴了，还是贪婪地喝着，这就导致了致命的后果——战后，河岸上出现了很多没有创伤的尸体。此役，希腊人总共损失7000人，迦太基人则不超过500人。阿加托克利斯躲进了盖拉，希望把哈米尔卡的注意力引向这里，这样叙拉古人就有时间收割庄稼了。

迦太基果然开始围攻盖拉，但觉察到几乎不可能占领这个地方后，很快就改变了计划。哈米尔卡第一步是以友好的姿态与慷慨的提议来争取其他希腊城邦的支持，结果许多城邦都加入了他的阵营，因为他们先要应对自己迫在眉睫的威胁，而且他们也都憎恨阿加托克利斯。

除了叙拉古之外，几乎整个西西里都被迦太基人夺去。随后，阿加托克利斯这个非比寻常的人想出了有史以来最为大胆的计划之一——将战火转移到迦太基本土。他知道，那座城市没有做好应对袭击的准备，而她的非洲臣民们总是士气低落，所以那里是最好的进攻对象。他对这个计划守口如瓶，实施过程也非常巧妙，手段也是最没有原则的。他首先仔细挑选随他出征的武装力量，大部分是骑兵。他没有办法把马匹运到非洲去，但寄希望于能够在当地获得战马。他命令这些骑兵给自己备齐缰绳和马鞍，小心谨慎地从城里所有有权势的家族中抓人质，以保证他们安分守己。举个例子，他把兄弟俩中的一个派到卫戍部队，把另一个安排到自己帐下。接着他需要筹集资金，便通知说，任何不愿意或不能忍受遭到围困的公民都可以自由选择离开。

许多富人都接受了这个提议，他们具备到别处生活的条件，同时也憎恨僭主的统治。于是，他们收拾好自己的财产，带着上路了。而阿加托克利斯派一些雇佣兵追上去劫掠他们，让这些不幸的人们遭到劫杀。

然后，阿加托克利斯登上了军舰，这支部队由60艘战舰组成，首要任务是避开比这支队伍强大得多的迦太基舰队。就在这个时候，一队运粮船出现在港口外，迦太基舰船离开战位去追赶它们，阿加托克利斯趁机率舰队驶离了港口。迦太基海军统帅以为叙拉古舰队是出来保护运粮船的，随后他看到叙拉古人朝着另一个方向航行，就追了上去。结果，阿加托克利斯一箭双雕，运粮船安全进入了港口，缓解了已经开始出现的粮食短缺危机；而远征非洲的这支舰队也占得先机，逃了出来。这确实是一次惊险的逃离，你追我赶地持续了五天五夜，第六天早晨，迦太基舰队竟意外地追赶上来，双方都绷紧了每一根神经，希腊人赢得了比赛，他们先到达了陆地，但迦太基舰队的前锋也已经逼近了他们。在随后的小规模战斗中，迦太基人力量太弱，无法采取任何有效的行动。阿加托克利斯不仅得以安全登陆，还加固了一座营地，他将叙拉古舰队的船只停靠在营地附近。

非洲渡槽

　　但他心里有一个更大胆的计划——烧毁所有的船只。此刻这支军队被迫放弃了撤退的全部希望，留给他们的选择是要么征服，要么灭亡。起初，战士们感到绝望，但阿加托克利斯并没有给他们太多时间去思考自己的处境，便率领这支军队进攻一个有着肥沃牧场、橄榄园和葡萄园的地区——迦太基富人们的农场与乡间别墅坐落于此。西西里人被眼前富饶的景象惊呆了，他们轻而易举地攻占了两个城镇，先前的绝望很快就变成了信心满满。

　　迦太基陷入极度的恐慌，人们普遍认为西西里的军队已经折损殆尽了，谁也不会想到阿加托克利斯会冒险离开叙拉古，跑来攻打迦太基本土。城中，有些人主张展开和平谈判，其他人则建议拖延一些时日，直到形势明了。当关于到底发生了什么事情的消息传来时，他们自然受到了极大鼓舞，并准备迎击入侵者。

在第一次战斗中，双方的战斗人员名单都很有意思。阿加托克利斯的军队中除了他自己率领的叙拉古人之外，还有萨姆尼人、伊特鲁里亚人和凯尔特人（可能是高卢人），总数约为11000人，但其中很多人装备不足，士气不高，① 这个战果看起来令人难以置信，事实上，如果不是当天有一位迦太基将军不幸死亡，以及另一位将军叛变的话，战局可能会对迦太基有利。这一年的两位苏菲特② 是汉诺和博米尔卡（Bomilcar），汉诺指挥着迦太基人组成的神圣军团，他急于突破阿加托克利斯亲自指挥的防线，结果由于太过鲁莽地暴露自己而阵亡了。博米尔卡野心勃勃，他想成为迦太基的僭主，觉得打败侵略者对自己的这个目标来说并没有什么帮助，甚至可以与敌人达成阴险的谅解。他对手下的军官们说道，由于汉诺阵亡，他们必须撤退。迦太基的雇佣兵很快就逃走了，神圣军团坚守阵地很长一段时间，但最终还是被迫撤离了，营地落入希腊人之手。

---

① 关于阿加托克利斯试图鼓舞部下士气的方法，流传着一个离奇的故事。他驯养了很多猫头鹰，把它们拿到院子里放生，这些鸟就落在了士兵们的盾牌和头盔上。猫头鹰是雅典娜（密涅瓦）的神鸟，于是士兵们就把这件事看作是自己得到女神恩宠的明证。

② Suffetes，古代迦太基的最高执政官。——译者注

农村的水箱

阿加托克利斯乘胜追击，几乎就要打到迦太基城下。与此同时，叙拉古也很安全。哈米尔卡曾发动夜袭，但失败被俘，他的头被砍了下来，送到了远在非洲的阿加托克利斯那里。在一系列战役中，迦太基人遭遇了一次又一次失败，要把这些失败都讲出来太乏味了。人们最终找到了他们不停失败的原因，至少一个是运气太差。博米尔卡一直扮演着叛徒的角色，觉得现在是时候夺取觊觎已久的绝对权力了。他下令检阅城里的军队，检阅结束后，遣散了没有宣誓支持他的人，只留下剩余的500名迦太基本地士兵和5000名雇佣兵，自立为王，并开始屠杀所有对手。如果城外的阿加托克利斯知道城里发生了什么事，并且同时发动进攻，迦太基就失守了。街上的战斗激烈地进行着，博米尔卡和他的追随者们进占了市集，但这个位置不利于防守，四周都是高大的房屋，那里被同情政府的民众占据着，很多标枪都从这些房屋里射向叛军。博米尔卡被迫撤退到新城,最后双方同意停战,政府承诺大赦,叛军放下了武器。但博米尔卡是个过于危险的人,他造成了太多的死伤,不能被放过。迦太基的执政者们从不为道德或宗教的顾虑所束缚,他们违背了誓言,把他钉死在十字架上。

阿加托克利斯继续顺利进军,他占领了尤蒂卡,[①]这是继迦太基之后非洲最大的腓尼基城市,也占领其他一些城镇。这下,迦太基几乎失去了所有的盟友和臣民。

尤蒂卡废墟平面图

这时,阿加托克利斯因为紧急事件必须赶回叙拉古,他让他的儿子阿卡加索(Archagathus)指挥军队。阿卡加索的

---

① 关于他靠近这座城市的方法,也有一个奇怪的故事。据说,他俘获了300名显赫的市民,把这些人吊在靠近城门一侧的攻城塔上,塔上站满了弓箭手和投石手,尤蒂卡的守城者无法在不杀伤自己同胞的情况下抵御这种攻击。

野心太大，他四面出击，甚至攻打那些内陆游牧部落，这是他力所不及的。另一方面，迦太基现在处于更英明的统治之下，军队分为三个兵团，每个兵团独立行动，分别与侵略者作战。阿卡加索在攻城时遭受了严重的失败，加之他的很多盟友纷纷叛乱，进一步削弱了他的力量。这时，他的父亲从西西里回来了，双方势力暂时恢复了平衡，但进攻迦太基营地的行动被证明是失败的。接着，命运的走向发生了一连串奇怪的变化。迦太基人用自己的丑恶方式——人祭——来庆祝他们最近的一次胜利，结果放火烧了自己的营地。最混乱时，一些追随阿加托克利斯的非洲雇佣军投奔迦太基。迦太基人一开始以为这些雇佣军向他们发动了进攻，非常恐慌，当误会消除后，一些非洲雇佣军获准入城。就像先前在迦太基人中间引起的恐慌一样，这一事件也在希腊人中间闹得人心浮动，使得阿加托克利斯损失了4000多人，非洲的盟友如今也背弃了他。

  阿加托克利斯开始对获胜感到绝望，他不寄望于从敌人那里得到有利的条件，也没有办法带走军队，打算带着两个儿子中的小儿子偷偷溜走。但他的大儿子阿卡加索发现了这个计划，并将其透露给军队。士兵们想到自己就这样被抛弃，大发雷霆，发动了兵变，他们抓住阿加托克利斯，给他戴上了铁链。

  一切都乱作一团。阿加托克利斯最终设法逃脱了监禁，前往西西里岛。就这样，这支军队被遗弃了，愤怒的士兵杀了阿加托克利斯的两个儿子来报复他，然后与迦太基讲和。他们放弃了占领的所有城镇，并得到300塔兰特，愿意离开的人可以免费通行,愿意留下的人则可以在迦太基军中服役。

这座被围困了四年之久的城市,现在终于安全,而且很快就恢复了它原有的力量。若干年后,我们发现,迦太基帮助以前的敌人阿加托克利斯——毫无疑问,为了获得丰厚的回报——成为了西西里的最高统治者。

迦太基必须对付的最后一个希腊对手是伊庇鲁斯王国[①]的国王皮洛士(Pyrrhus),他是亚历山大大帝的亲族——亚历山大的母亲奥林匹亚斯(Olympias)一支——的后代。就像他那位著名的亲戚所实现的成就那样,他也设想了一幅征服的蓝图。不过,既然亚历山大已经向东扩张了,那么他就将向西拓殖。他与他的哲学导师的著名对话向我们展示了他的计划,就像普鲁塔克(Plutarch)讲述的那样,我也以对话的形式来呈现它:

齐纳斯(Cineas):"皮洛士陛下,据说罗马人是伟大的战士,他们统治着许多国家。如果靠着神明的恩宠,我们征服了他们,这样的胜利,对我们而言有什么用处呢?"

皮洛士:"这是一个很容易回答的问题,一旦罗马被攻克,将没有任何一座城市——无论是希腊的还是蛮族的——能够抵挡住我们。我们一定会得到整个意大利,得到那些宏伟、卓越与富饶的东西,在所有人当中,你是最不可能不了解这些东西的。"

齐纳斯(短暂的沉默后):"拿下意大利之后,我们该

---

① 今阿尔巴尼亚。

怎么办?"

皮洛士(尚未看出他的犹疑):"西西里岛靠近意大利,她向我们伸出了双手,那是一座人口众多的丰饶岛屿,很容易征服。自从阿加托克利斯死后,由于缺乏政府的管治,掌权者也愚昧不堪,那里一片混乱。"

齐纳斯:"这样可能就足够了,当我们征服了西西里,我们的战争就该结束了吧?"

皮洛士:"愿上天保佑我们的事业到此为止!可是,谁不想去非洲和迦太基呢,迦太基将会在我的掌控之中么?尽管来自叙拉古的阿加托克利斯不得不逃离那里,可他不也是只带了几艘船,就几乎要夺取它了吗?"

我们现在不关心他们谈话的其余部分,也不聚焦于齐纳斯想要从中汲取的寓意。[1] 这是一个非凡的计划,而皮洛士也是一个拥有实现这一计划所需的全部才能的人。很多人都认为皮洛士是有史以来最伟大的统帅。[2] 但他伟大事业的开端就是最难的那部分——对他来说确实是太难实现了,他在罗马徒劳无功,能够打败罗马军队,但不能征服罗马。我们可以说,是罗马拯救了迦太基,使它免于被征服的命运,而罗马与迦太基将要争夺对西方的控制权。

我们简单地讲一下皮洛士与迦太基的关系。在意大利的

---

[1] 简单地说,这段话是这样的,皮洛士说:"我要做迦太基之王、希腊人之主",齐纳斯说:"毫无疑问你能实现这个愿望,然后呢?"国王笑着回答:"然后我们就坐下来好好享受吧","那我们何不现在就坐下来好好享受呢?"这位哲学家如是回复道。

[2] 另一种说法是亚历山大排名第一,皮洛士排名第二。

两次战役中，他赢得了很多荣耀，此外，他还在公元前278年春路过西西里岛，希腊诸城邦邀请他帮助他们对抗宿敌迦太基。一开始他势如破竹，迦太基人用一大笔钱和一支舰队贿赂他，但他拒绝了这些好处。他说，除了迦太基彻底离开这个岛屿，把大海作为希腊与自己的边界之外，没有什么条件能够使他感到满意——我们不得不佩服他对希腊的好感。从此以后，好运就离他而去了。希腊人逐渐厌倦了这个盟友，他们密谋反对他，而他的严厉报复又使得他们更加憎恨他。后来，他试图进攻利利巴厄姆要塞，但失败了，甚至他作为军人的名声也受到了损害。最后，他别无选择，只好离开了。

"多么华丽的角斗场啊，"当皮洛士在船上回望这个岛屿时，他说，"我的朋友们，我们要离开一座多么漂亮的角斗场，而赶往罗马和迦太基啊！"

在本书的第四编，我还会讲述有关这场角斗竞赛的故事。

第三编

迦太基城邦史

第9章
迦太基的探险者

《迦太基帝国》主要讲述的是战争的故事,关于民众自身以及他们的生活,我们确实很少看到相关记载,而且从他们的敌人那里也很少能得到相关信息。但也有一些例外,其中最有意思的是一位名叫汉诺的将领对其殖民与发现之旅的描述,这一记载被保存下来。

不过,我们今天看到的,并非布匿语文本,而是希腊语文本,目前迦太基语只留下了几个单词。汉诺的生卒年不详,人们认为他是在希梅拉阵亡的哈米尔卡的父亲或是儿子,但没有什么能证明这两种假设中的哪一个更符合事实。总的来说,我倾向于接受第一种,因为从记载来看,迦太基那时显然更加繁荣。所以,他们在希梅拉之战发生前更有可能派出这样一支远征队。在这种情况下,航行的时间可以确定为公元前520年。汉诺对此次航行的描述很有意思,足以让我们有理由全文复述。对某些需要解释的问题,我将添加一些补充说明。

迦太基人命令汉诺航行①到越过赫拉克勒斯之柱②的地方，创立利比亚-腓尼基人的城市③。于是他率领60艘船，每艘船有50支桨，麾下大批男女，多达30000人，④还带上了辎重。

我们扬帆起航，经过赫拉克勒斯之柱，又过了两天航程，我们就创建了第一座城市，并将其命名为提米亚忒里乌姆，这座城市位于一片大平原。从那里向西航行，我们来到了索罗埃斯⑤，它是利比亚的一个海角，被茂密的树林所覆盖，我们在这里建造了一座波塞冬⑥神庙。然后我们从那里往东航行了半天，到达一个离海不远的湖泊，湖面长满了大芦苇，这里有被饲养的大象和很多其他野生动物。

我们越过湖航行了一天后，建立了一系列沿海城市，分别命名为卡里孔堡、吉塔、阿卡、梅利塔和阿拉比斯。从那里起航，我们来到了利索斯河⑦，这是一

---

① 关于这次航行的历史记载被称作"周航记"（Periplus）或是"环球航行"（Circumnavigation），希腊语文本保存在海德堡图书馆的一本手稿中，并于1533年首次出版。
② 直布罗陀海峡。
③ 利比亚-腓尼基人是迦太基人与非洲本地人通婚生下的混血儿，迦太基政权对他们颇为猜疑。
④ 这个数字很可能被夸大了。然而，不必假定所有的殖民者都是用这60艘船运送的，这些很可能是护送大量商船的战船，在各个殖民地建立时，这些商船装载着乘客的物品。
⑤ 康坦角。
⑥ 拉丁语中的海神涅普顿，或许是腓尼基语中的大衮（Dagon）。
⑦ 瓦迪德拉河（Wadi Draa）。

条从利比亚流出的大河。河的两岸有游牧民族利西塔人的羊群,我们和这些人交朋友,并在他们那里待了几天。过了这里,是一些不适宜居住的地区,那里住着埃塞俄比亚人,他们栖息在一个野兽遍地的国家,并且被高山所分割。据说,从高山中流出的就是利索斯河。这些山脉周围居住着穴居人,他们长相奇特,①利西塔人说,这些人跑得比马还快。我们从利西塔人那里请了翻译,沿着一处无人居住的地方向南航行了两天。从那里出发,我们又向东航行了一天。在一个海湾的深处,我们发现了一座小岛,周长约五弗隆,我们商定把它命名为塞恩。②根据航行路线,我们判断这个地方正对着迦太基,③因为从迦太基到赫拉克勒斯之柱的航程等于从赫拉克勒斯之柱到塞恩的航程。在这之后,我们沿着一条名叫克里特斯的河流④逆向而上,来到了一个湖泊,湖中有三个比塞恩岛还大的岛屿。从那里出发航行了一天,我们到了这片湖的边缘。

这里群山环绕,居住着身穿兽皮的野蛮人。他们

---

① 可能是黑种人。

② 塞恩很可能位于里奥德奥罗河口,一些法国海图上有赫恩(Herné)这个名字,据说这和当地人使用的名字很像。

③ 关于这一表述的含义有些争议,班伯里(Bunbury)认为,这可能意味着从迦太基到直布罗陀海峡的距离,和从直布罗陀海峡到塞恩的距离是相等的,两者构成一个等腰三角形的两条等边,它的底是迦太基和塞恩之间的距离。必须清楚的是,古人没有我们现在用来认识世界各国相对位置的正确观念。汉诺接下来要讲述的,就是他从塞恩开始的两次发现之旅。

④ 塞内加尔河,它在河口附近向外敞开,形成一片广阔的地域,但这里的山脉不容易与河流下游的其他部分相融合。

想把我们赶走,朝我们的船扔石头,最终我们无法上岸。然后从那里出发,我们来到另一条河,河面宽阔,到处都是河马和鳄鱼。我们从那里返航,又回到了塞恩。最后从塞恩岛出发,我们又向南沿着陆地航行了12天,这边整块陆地的居民都是埃塞俄比亚人,他们没有等着我们过来,而是跑开了,他们的语言即便是我们带来的利西塔人翻译也听不懂。在最后一天,我们靠近了一些由树木覆盖着的大山,这些树木散发着芳香,颜色各异。沿着这些山脉航行了两天,我们到了一个宽阔的出海口,海的两岸是一片大平原,晚上可以看到那里四面八方都升起了火焰。我们在这里补充了淡水,此后又航行了五天,来到一处大海湾,翻译告诉我们,这里叫作西角。① 在这个海湾里有一座很大的岛屿,岛上有一个咸水湖,湖里又有一个岛。我们在这里上岸了,在白天,这里什么东西都找不到,只能看见柴火的灰烬。但在晚上,我们看到许多火堆在燃

来自迦太基的献祭石碑(河马)

---

① 比萨戈斯湾。

烧,听到了笛声、钹声、鼓声和嘈杂的喊叫声。我们感到十分惧怕,先知让我们离开这地方,于是我们急忙从那里开船。就这样到了第四天的晚上,我们发现了一个充斥着火焰的地方,中间有一火堆比其他的都高、都大,似乎可以触摸到星星。天亮了,我们发现这是一座大山,当地人称它为"众神的战车"①。我们离开那里的第三天,顺着火光沿溪而行,来到一处海湾,它叫作南角。②在海湾的尽头,同样有一个岛,岛上有一个湖,湖里还有一个小岛,岛上到处都是野人,其中大部分是女性,她们浑身长满毛发,我们的翻译称她们为大猩猩。我们追捕她们,但没能逮住一个,因为这些人能够爬上悬崖,拿石头自卫。最后我们还是抓住了三个女人,她们不跟我们走,还撕咬那些驱赶她们的人。我们只好杀死了她们,剥了她们的皮,将人皮带回了迦太基。

到这里,我们就没有再往前走,因为食物不够了。

这些记载是汉诺回到迦太基后,放置在克罗诺斯(Chronos)或是萨图恩神庙中的,正如之前我们说过,这些神祇就是《圣经》中的摩洛神。

老普林尼(The elder Pliny)在提到汉诺的航行时,匪夷所思地推断汉诺的路线一直延伸到阿拉伯的边界,他说:"与此同时,希米尔科被派去探索欧洲的北部海岸。"不幸的是,

---

① 萨格里什山。
② 谢伯勒岛及其海湾,在塞拉利昂以南不远处。

关于希米尔科的探险,没有任何记载可以与汉诺的"环球航行"相提并论。我们所知道的希米尔科的全部叙述都来自阿维努斯(Avienus)——一位平庸的拉丁诗人,他的作品涉及公元4世纪末基督教时代的地理状况。阿维努斯自称引用自希米尔科的记述不可思议——希米尔科花了四个月的时间,很可能从迦太基航行到不列颠,这一过程并不是我们想象的那样,因为海上波涛汹涌、狂风大作而寸步难行,而是因为没有风助力船移动,或是太多的海藻缠住了船,像被一片森林围住一样,还有大雾终年不散,笼罩着一切。除了这些困难外,水手们还得打起精神来,随时准备对付诡异可怖的海怪。阿维努斯声称自己看过希米尔科的记载,并直接引用了它。古人对这类事情并不十分谨慎,阿维努斯看到的有可能是二手材料。有一种说法是,迦太基人重视他们的贸易,害怕其他商人抢占自己的市场,① 就指示希米尔科写了这样一份航行报告,以阻止其他人开辟同样的路线。当然向北航行的商旅最害怕的障碍,并不是纹丝不动的大海以及微弱到不足以推动船只的海风。

  当然,不管怎么说,希米尔科这个探险者对我们来说,只不过是一个名字而已。

---

① 这可能是迦太基人准备在阿拉利亚进攻腓尼基人的原因之一,腓尼基这些大胆的水手们造访了塔提苏斯(很可能是加德斯),同这里的国王交朋友,侵犯了迦太基的势力范围。

第 10 章
迦太基的政体与宗教

关于迦太基的政体，我们略知一二，因为亚里士多德在他的《政治学》一书中有一章论述了这一问题。这本身就是一件奇怪的事情，除了他们自己的国家，希腊人对其他任何国家都没有什么敬意——埃及或许是个例外，因为他们从埃及那里获得了大部分知识。亚里士多德不仅用很长的篇幅来论述，还高度赞扬了迦太基，他引用了一个普遍的观点，即"在很多方面，迦太基的政体优于所有其他政体。"他认为一个确凿的证据在于："当平民稳定地向政权效忠，没有值得一提的国内冲突发生，没有人能够成为暴君时，这个国家就能实现良好的治理。"

亚里士多德说迦太基有"国王"，这个词在历史上经常作为城市主要执政官的称号而出现，但他们并不是一般意义上的国王。他们并不像东方世界的专制君主，诸如亚述、波斯或是埃及的国王。事实上，他们被明确地比作斯巴达的国王，这些人的权力非常有限，只能算是大祭司和长期任职的首席将军。两种政体之间的一个重要区别是：在斯巴达，国王在两个家族中世袭；而在迦太基，国王则是通过选举产生。亚里士多德说："他们必须来自某个显赫的家族，但通过选举继承王位，而不依靠资历。"

没有迹象表明这种选举是一年一度的，相反，一旦被选中，他们就会终身任职。迦太基的国王被罗马人称为"苏菲特"（Suffetes）①，该词是"审判官"（Shophetim）或"法官"（Judges）的变体。

仅次于国王的是将军，这两个职位可能被兼任，但通常是分开的。国王不能指挥陆军或舰队，除非他被特别任命担任这个职务。有时将军在外服役时，会被任命为国王，上一章我们讲到的，领导了一场伟大探险与殖民远征的汉诺，据说就是一位国王。

在这些高级官员之下是一个立法机构，借用一个在古代与现代历史上都很有名的词，我们可以称它为元老院（Senate）。在这个元老院里有两个机构，规模较小②、权力也更大的机构是从规模较大的另一机构中选出来的，也许我们可以把这个高级机构比作英国与美国政体中的内阁。我们知道，这个机构的存在是为了应对那些迟早会降临到古代世界中大多数共和国身上的危险事件。

---

① "Suffetes"可能源于拉丁文"Suffectus"，指的是在某些非正式条件下临时选出的意在填补空缺的执政官。

② 它由100位成员组成。

当马戈家族对一个自由的国家构成威胁时，100名法官从元老中被选出，凌驾于那些从战场上归来的将军们之上，要求他们对自己所做的事情作出解释，这样他们才会保持敬畏，为他们在战争中的所作所为负责，时刻不敢忘记国内的法律。百人会议成员是在所谓的五强共治的局面下选出的，即希腊作家所说的五人小组。我们不知道五人小组具体都有谁，但可以猜测他们来自政府各个重要部门，如财政、贸易、军事、警察等等。我们不能说他们是百人会议或是元老院的分支，但有一点是肯定的，即百人会议是一个成员几乎不变的机构。可以说几个世纪以来，它一直奉行着一条路线，而且保持着高度的一致性。如果不是在自我更新的过程中一直保持原有性质不变，它是很难做到这一点的。很明显，迦太基没有政府的定期更迭，也不存在像我们在美国看到的共和党与民主党，或是在英国看到的自由党与保守党之间的那种权力转移。

对于规模更大的那个机构的权力，我们一无所知，也许它是立法机构，而百人会议是执行机构——如果它是国会或议会，百人会议则是国务院或内阁。

最后，还有一个公民大会，我们对它也是知之甚少。我们推断，它的权力仅限于批准或否决提交给它的事项，所有这些议题都要事先在元老院审议。同样，公民有权批准或否决官员的任命。亚里士多德显然认为迦太基民众的政治地位与斯巴达人差不多，至于斯巴达人，我们现在知道，他们对国家政府运作的兴趣不大。

这就是迦太基真正的"政治结构"——国王或苏菲特、拥有两个机构的元老院，以及公民大会。还有一个问题是：那里有贵族吗？很可能是有的，也许是像英国社会中留存下来的贵族那样。确实，没有可供继承的头衔，但特定家族仍拥有着强大的权力，或许他们只要保持富有，就会维持其强大。没有血缘上的障碍阻止任何人成为这种贵族的一员。权力与财富，或许在很大程度上对所有人开放。

亚里士多德说，政府的职务没有薪金，但这并不一定意味着交易没有利润，它们会带来赞助与赚钱的机会。他还说，最高的职位——国王与将军——都在待价而沽。或许他的意思是，这些人通过贿赂获得了最高权力，虽然这种解释并不完全符合他这段话的原意。正如他后来所说的那样，迦太基政体的弊病之一是，一个人掌管着好几个职位，尽管名义上没有薪金，但这些职位可以成为或者本身就是利润的来源。迦太基的衰败可能是由于腐败和对金钱的贪婪，在一个富庶的国家里，这些东西迟早都会发展起来。比如罗马，当其公民的美德和爱国精神衰败时，国家权力就落入了专制统治者之手。迦太基也经历了同样的衰败过程，国家政权也落入了少数富裕公民的掌控之中。

亚里士多德认为，迦太基和斯巴达的一个相似之处是，他们都有集体聚餐的习俗。斯巴达是一个相对较小的国家，如果我们扣除那些低于或高于服兵役年龄的人，因为这些人不能参与集体聚餐，那么居住在都城的实际公民人数不可能超过1000。而迦太基是古代世界人口最多的城市之一，当它被罗马人占领时，虽然已经衰败很久，仍然有70万居民。我们无法估量这些人中间到底有多少是公民，但这个数量的公民肯定不可能建立集体聚餐制度。迦太基的集体聚餐很可能仅限于统治阶级，按亚里士多德的说法，他们聚拢在"俱乐部"或"社团"里。李维（Titus Livius）的记载与这种说法也很吻合：汉尼拔·马戈当时正在流亡，派出一个使者去鼓动迦太基的主战派采取行动。关于这位使者的到来以及他带来的信息，我们看到的记载是"先在社团与宴会上进行辩论，然后在元老院讨论"。另一位历史学家说过，迦太基人在夜里处理他们的国家事务，在傍晚与夜间举行会议、展开社团活动。或许我们可以说，这体现了现代政治的运行模式，有影响力的人物主持召开会议，并由此决定政党的行动。

迦太基人的司法审判不像雅典那样由公民大会来执行，而是由特别法庭掌管，它有一个名称叫作"一百零四"①，为了审理不同类型的案件，它被分为各种各样

献给塔尼特的许愿石碑

---

① 不要与百人会议相混淆。

的法庭。

迦太基的宗教主要来自建立这座伟大城市的人，最高神是巴尔·哈蒙（Baal Hammon），也称为摩洛。戴维斯博士从他在迦太基遗址的挖掘工作中得出很多结论，告诉我们，在任何一块许愿碑上他都发现了这位神祇的名字，那个时候人们用活人祭品来供奉他。我们在迦太基的历史中时不时地就会看到这种人牲。① 这些可怕的行为使希腊人将哈蒙神与克罗诺斯或萨图恩联系在一起，在他们各自的神话中，他们都吞噬了自己的孩子。

献给塔尼特的迦太基许愿石碑

---

① 当迦太基被阿加托克利斯围困时，迦太基人把200个来自国内显赫家族的孩子献给了摩洛，还有300个自愿献祭的人。我们听说这种祭祀在被以色列人赶出巴勒斯坦的迦南人——腓尼基人——的部落中盛行，以色列人特别小心地禁止举行这种特殊的宗教仪式。所以我们在《利未记》18:21中读到，"不可把你的子孙奉献给摩洛。"尽管有这样的禁令，这种做法还是在以色列人中间流行起来了，所罗门为摩洛建造了一座神庙，而改教者约书亚"毁坏了欣嫩子谷，免得再有人把子女投进火里，献给摩洛"。

一块献给塔尼特的石碑

仅次于摩洛的是梅尔卡特（Melcart）——迦太基的守护神，他也是迦太基的母城推罗的守护神，希腊人将其称为赫拉克勒斯。他在推罗的宏伟神殿是世界上最著名的神庙之一。

迦太基出土的许愿石碑

迦太基人定期派人带着礼物和祭品去推罗朝拜。无论是在推罗还是在其他地方，这尊神都没有以人的形象呈现出来。希罗多德（Herodotus）以见证者的身份描述了推罗的神庙，他没有提到任何关于神的形象，只是说在丰厚的祭品中间，有两根精心装饰的柱子，一根是纯金的，另一根是绿宝石色的，在夜里闪闪发光。①

迦太基人崇拜的海神被希腊人看作是他们自己的波塞冬，罗马人将其看作是尼普顿，他很可能也是我们所知道的，在非利士人的城市里受到崇拜的鱼神大衮。同样，古代叙利亚人和腓尼基人的性爱女神阿什脱雷思（Ashtaroth），她的希腊语名字是阿施塔特（Astarte），即阿芙洛狄忒（Aphrodite）或维纳斯，她的迦太基语名字叫塔尼特（Tanit）。另一位迦太基神祇，希腊人称之为特里顿（Triton），我们现在无法还原其在迦太基语中的名字，但由于希腊神话中的特里顿是海神，所以他可能只是大衮的另一种形式。我们没有听说过任何单独的祭司序列，但当战争进行时，国王和将军们有时会主持献祭活动。

---

① 这很可能是绿玻璃，从内部发出光亮，很早以前埃及人就可以制造这种玻璃。

第 11 章
迦太基的财政与贸易

迦太基的收入来源多种多样，我们依次叙述。

一、来自臣民或附属国的贡品。非洲海岸的腓尼基城镇，无论是比迦太基更古老的，还是由迦太基建立的，都向迦太基进贡。

例如，在富裕的小赛耳底地区的莱普提斯城镇，据说每天支付的费用高达一塔兰特。① 内陆部落进贡实物，那些定居下来并在土地上耕种的部落进贡谷物，游牧部落进贡诸如枣子、野兽皮、黄金、宝石等物产。帝国的境外属地也进贡实物，其收获的粮食，一部分储存在各个行省供军队使用，另一部分则送到迦太基。没有留下任何关于这些收入的数额的记载，但它似乎随着政府的需要而变化，有时甚至会达到全部产出的一半。

---

① 按这样算，一年就是 89968 英镑 15 先令，或是将近 450000 美元。

迦太基硬币

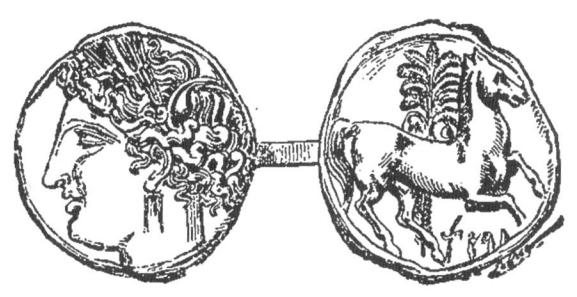

迦太基硬币（琥珀金）

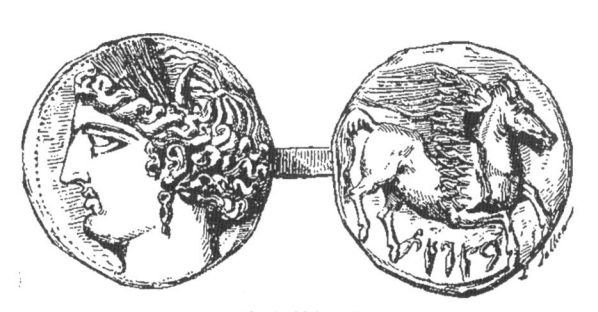

迦太基银币

二、迦太基和罗马的条约中提到了关税，双方对关税有着明确的规定。根据亚里士多德的记述，迦太基与伊特鲁里亚人的条约规定了哪些物品可以进口，哪些物品不可以。第二次布匿战争结束后，历史上著名的统帅汉尼拔·巴卡（Hannibal Barca）在迦太基掌权，对海关管理进行了重大改革，比如对从陆路和海上进口的货物都征收关税。据说，通过制止偷税漏税行为，迦太基的财政收入有了大幅提高，以至于不用再向个人征税了。这些税负很重，我们可以从昔兰尼地区附近的希腊城镇与迦太基附属城镇之间蓬勃发展的走私活动中窥见端倪。

三、矿产。迦太基在西班牙和科西嘉岛都拥有矿山，其中最富有的矿藏位于新迦太基附近。在波里比阿时代（公元前204—前122年），当罗马人经营这些矿山时，每天的产出大约相当于2000英镑。据说它们是由一个名叫阿勒忒斯（Aletes）的人发现的，而这一发现为自己的国家作出了巨大贡献，据说新迦太基因此为他建造了一座神庙。但我们不能认为所有的矿山（狄奥多说，在他那个时代，所有已知的矿山都是迦太基人最先开采的）都由国家掌控，其中许多都是公民个人经营的，他们从中获取了巨额利润。据说，巴卡家族就因为从他们的矿山中获得了巨额财富，才变得如此强大。不过在当时，国家应该也是其中一些矿山的所有者，同时向另外一些矿山收取开采使用费（或是按照一定比例从矿物产量中抽取相应份额）。

迦太基的贸易可以被清晰地分为两大部分：与非洲的贸易和与欧洲的贸易。

一、与非洲的贸易。在可以通过商队到达的内陆和沿海地区的野蛮部落中，迦太基都在进行贸易活动。关于这两个区域，我们从希罗多德那里了解到一些内容，这位历史学家为我们提供了有关古代世界贸易状况的大部分知识。他所讲述的，迦太基与沿海部落打交道的故事是这样的：越过赫拉克勒斯之柱有一个非洲国家，当迦太基人来到这里时，他们卸下货物，把它们整齐地摆放在海边。然后他们回到船上，释放烟雾。当地人看见烟雾，就来到海边，把金子放在货物旁边，站在不远处。接着，迦太基人就从船上走出来，打量着货物和黄金，如果觉得黄金和货物是等价的，他们就拿着黄金走了。如果感觉不等价，他们就会回到船上，静静地坐着。然后，当地人又走上前，在货物旁又加了一些黄金，直到迦太基人拿走黄金。任何一方都不亏负对方，在买方认为二者等价之前，卖方不能碰黄金，在卖方拿走黄金之前，买方也不能碰货物。①一篇非常有趣的文章还描述了商队的路线，起点是上埃及的底比斯，希罗多德很可能是在这里获得资料，途中商站（通常都是能找到水的地方）可以提供更多详细信息，路线一直延伸到西部的直布罗陀海峡，以及南部的费赞，甚至内陆地区。

迦太基商人与非洲部落交易的商品，无疑是文明国家与野蛮部族交易时一贯提供的东西——廉价的服饰、色彩艳丽的布料、劣质的武器，当然还有盐，许多内陆部落只能通过进口来

---

① 黑伦引用了林恩（Lynn）船长的一个离奇的相似描述："在沙漠之外的苏丹地区，在那些盛产黄金的国家里，住着一个看不见的民族，据说他们只在夜间进行贸易。那些为了金子而来交易的人，把他们的货物堆起来，然后就离开了。第二天早上，他们发现与每堆货物相对的地方都放着一定量的金粉。如果他们认为足够了，就把货物留下；如果他们认为不够，就什么也不碰，直到更多金砂被添加进来。"

获得这种生活必需品。迦太基人无疑发现了这个机会,根据希罗多德的说法,他们可以找到很多能买到这种必需品的地方。

很容易列举出来他们用这些货物换取的物品,如我们所见,首先是黄金。无论是用作货币还是制成盘子,迦太基随时随地都有充足的贵金属。仅次于黄金的是奴隶,在那时,黑人也是残酷的奴隶制度的受害者,这种制度尚未从这个世界上完全消失。事实上,除了黑人,在古代还有很多其他奴隶。当时奴隶制的一个恐怖之处是,因为私人或是公共的利益,通过出售战俘以及被占领城镇的居民,每个种族的男人和女人都可能沦为奴隶,因此奴隶有可能和他们的主人一样拥有优越的出身、受过良好的教育。① 但这些奴隶肯定心怀仇恨,很可能是危险分子,于是更温和、顺从的黑人很快就受到了青睐,而且社会风尚也偏爱这个种族的古怪外表,他们与希腊人白皙的肤色和轮廓分明的五官形成了鲜明对比。因此,像梅南德(Menander,公元前342—前291年)借特伦斯(Terence)之口向我们诉说的那样,一个士兵对他的爱人说:"你何时看到我对你的爱意消退了呢?你说要找一个埃塞俄比亚侍女,我岂不是就撇下了所有的事,为你找了一个呢?"

象牙一定是迦太基交换到的另一种商品,虽然我们很少听说它。希腊人在艺术上广泛使用象牙,在制作一些最宏伟的

---

① 一位拉丁语作家对"有学问"的奴隶和"有一点学问"的奴隶进行了区分。罗马早期的所有男教师,几乎都是奴隶,老加图(The elder Cato)通过让自己的一个受过教育的奴隶做罗马贵族家庭男孩的教师,从中获利。

雕像时，用的材料一部分是黄金，另一部分就是象牙。[1]在早期的罗马，不少人将其用在国家高级官员所使用的椅子上。我们无法确切地知道这些象牙最初是从哪里来的，维吉尔说，它们来自印度，老普林尼说，除了最遥远的东方，他那个时代的奢侈品已经耗尽了其他供应地的象牙。然而，我们可以肯定的是，在迦太基的鼎盛时期，商人们大量经营这种商品，交易着非洲尺寸最大、质量最佳的象牙。在撒哈拉以南的整块非洲大陆上，除了那些人类活动频繁的地方，大象随处可见，迦太基人驯化了它们，这是其他任何非洲种族从未做过的事情。

迦太基出土的许愿石碑

宝石是野蛮人拿来交换垂涎之物的另一种商品，尤其是红宝石，从迦太基大量涌入欧洲市场，被称为"迦太基石"。或许我们可以从那些来自国内的物品清单上找到交易日期。

---

[1] 菲狄亚斯（Phidias）的伟大雕像，即奥林匹亚的宙斯神像、阿尔戈斯的赫拉神像、雅典的雅典娜神像，都是用这两种材料制成的，这项工艺被称为克里斯里凡亭（chryselephantine）。

二、与欧洲的贸易。当然，在前文已经提到过参与欧洲贸易的部分商品，还有一部分其他货物是由迦太基商人充当搬运工，从地中海的一个地区运到另一个地区：利帕拉岛和意大利南端的其他火山岛生产的树脂；阿克拉加斯以及西西里的其他城市从埃特纳地区运来的硫黄；很多地中海国家都生产的葡萄酒；科西嘉岛的蜡、蜂蜜、以及奴隶；厄尔巴岛的铁；巴利阿里群岛的水果和牲畜；再远一点，不列颠的锡和铜，甚至波罗的海的琥珀，都是迦太基商人经营的品类。他们不仅与沿海居民开展贸易，也与内陆部落做生意。因此，货物经西班牙被运到高卢内陆，生意好到招来马赛人的嫉恨，他们不允许迦太基人在该国南部海岸建立任何贸易站。

说起贸易，我们不能遗漏一种关于所谓的迦太基"皮钱"（leather money）的奇怪说法。记载这一货币相关信息的作者是苏格拉底的弟子埃斯基涅斯（Aeschines），"皮钱"肯定不是他那个时代的东西，很可能更古老。他写道："迦太基人使用一种钱——包裹着某种物质的一小块皮革，有四个德拉克马[①]（约三先令）那么大，除了制造者，没有人知道里面的物质是什么。它被密封、盖章、发行、流通，谁拥有这种东西最多，谁就被认为是最富有的人。不过，即使我们中间有人拥有再多的这种钱，他也不会比拥有大量鹅卵石的人更富有。"

如今我们知道，这种未知物质可能是一种合金，其成分属于国家机密，上面加盖的印章是国家标志，算是一种初级的纸币。

---

① drachmae，古希腊重量单位、货币单位，1德拉克马约等于4.37克。——译者注

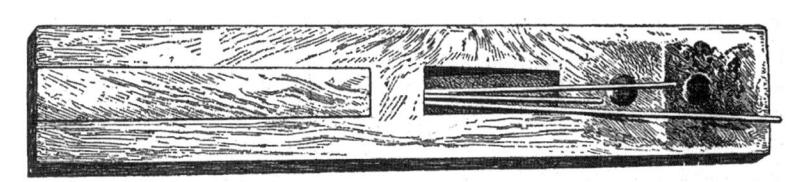

文具匣

关于迦太基的艺术和文学，其中值得称道的不多，腓尼基人的天赋并没有使他们在这两方面脱颖而出。至于艺术，在仅有的几处迦太基文明遗迹中的优雅元素，显然都受到了希腊的影响。例如，第 89 页的迦太基硬币显然是希腊艺术家的作品。关于迦太基文学，我们不能说得这么肯定，但当罗马人占领迦太基的时候，这座城市里确实是有一些图书馆的。征服者并没有充分意识到这些图书馆的价值，没有把它们留给自己，而是给那些非洲国王们瓜分了。

这些图书馆里是藏有迦太基本土的文学作品，还是收藏着希腊天才们的杰作，如今我们不得而知，但确实对一件迦太基作品有所了解，知道它的主题、作者的名字，也可以说知道它开篇的语句。这是一本关于农业的书，作者名叫马戈。

据说，这本书的开头是这样写的：一个人想让他的农场兴旺发达，就应当卖掉自己在城里的别墅。

这本书获得了很高的声誉，以至于当迦太基被占领时，罗马元老院任命了一个委员会，负责将其翻译成拉丁文，它后来又被翻译成希腊文。罗马作家们经常提起这本书，西塞罗（Cicero）认为它是其所在领域的典范。

许愿碑（公牛）

关于迦太基人的家庭生活，我们几乎一无所知，但有个道理是四海皆准的：哪里有着巨额财富，哪里就一定会充斥着奢侈。

事实上，我们从历史学家那里得到了一些暗示。例如我们之前讲到的，当一位迦太基将军被他的雇佣兵们逼迫着交付拖欠的薪金时，他可以用他手里的大量金银酒杯向他们担保。阿忒那奥斯（Athenaeus）这位搜罗各种此类物品的大收藏家记载，狄奥尼西奥斯以120塔兰特的价格把一件华丽的长袍卖给一位迦太基的百万富翁——长袍的价值相当于今天的30000英镑。

在迦太基，政治与军事天才总是要听从城邦的调遣，而迦太基越来越相信她的雇佣兵，相信那些迟早会在关键时刻被折断的"银矛"。

第四编

迦太基与罗马

关于第一次与第二次布匿战争，我们的权威资料主要来源于波里比阿和李维。波里比阿是希腊人，迦太基征服者小西庇阿（the younger Scipio）的好朋友。罗马人攻占这座城市时，他也在场，但不幸的是，他的著作中有关这一事件和第三次布匿战争的部分已经散佚。第一次布匿战争是他的作品中引言部分的主题。对于第二次布匿战争，他是最权威的作家。可再次令人感到遗憾的是，很多内容又散佚了，事实上，在第五章之后，这本书就不完整了，这让我们不得不更深入地搜集坎尼战役的资料。然而，这本书也还是保存了一些相当重要的散佚著作的摘录，其中有一些涉及对扎马战役的描述。从这里我们可以得出结论：波里比阿是一位令人钦佩的历史学家，他非常努力，并且极端公正。

李维出生于公元前59年，也就是前三头同盟时期，那是罗马共和国的最后岁月以及罗马帝国的初创阶段，他死于提比略（Tiberius）执政的第四年。李维写了一部142卷的罗马史，如今仅存35卷。幸运的是，第21卷到第30卷保存了下来，这部分描述了第二次布匿战争从始至终的大量细节。一些散佚书籍的摘要也包含在内，我们可以从中得到一些关于第一次和第三次布匿战争的有用信息。李维是一位伟大的作家，一些优秀的评论家甚至认为，他的文字风格是古代乃至现代已知的散文作家中最好的。当然，他的作品中充满了生动与华丽的修辞，但本人称不上是一位伟大的历史学家——他疏于考证。据我们所知，他从来没有费心去实地考察自己所描述的那些事件发生的场景，即便那些地方就处于他触手可及的范围内，或者他稍作争取就可以做到。关于第三次布匿战争，我们的主要权威是阿庇安（Appian），他出生在亚历山大城，在那里，他用希腊文写了一部罗马史，在书中分别论述了每个国家的事务。

第 12 章
在西西里与海上的战役

我们不止一次在雇佣兵中听到坎帕尼亚人这个称呼,他们经常在西西里岛的战争中同时为希腊与迦太基双方效命。他们也毫无顾忌,当改变立场可能会给他们带来更多报酬或是更明朗的胜利前景时,就会改换阵营。

这种行事风格与我们在其他方面对他们的负面评价是一致的。这些坎帕尼亚人出卖他们的利剑,并不是因为贫穷(就像古代的阿卡迪亚人、现代欧洲的瑞士人和苏格兰人那样),而是因为他们喜欢戎马生涯。他们都是一个放荡民族的年轻人,①在国内找不到喜欢的职业,因为必须与罗马人打交道,于是就到国外去寻找,尤其是西西里。因此,这些坎帕尼亚人对一座希腊城市做出极其残忍与肆无忌惮的行为时,就不足为奇了。阿加托克利斯是个精力充沛的僭主,他死后,西西里的

---

① 坎帕尼亚的主要城市卡普亚,在这方面有着非常糟糕的名声。

局势陷入极大的混乱。引起麻烦的因素之一就是坎帕尼亚的雇佣军团，他们曾为阿加托克利斯服务，后来就独立出去做起了强盗生意——占领了墨西拿城，杀死或是流放市民，将他们的财富瓜分一空。

有一段时间，马默尔丁人或"马尔斯的仆人"①（这是强盗们所取的名字）非常强大，他们的势力扩展到了岛上的邻近地区，后来遭到了清算，因为叙拉古再次落入一位能干的统治者手中，他就是希伦（Hiero）。

希伦使马默尔丁人陷入困境，他们只好绝望地四处寻找援手。马默尔丁人分为两派，一派倾向于迦太基，另一派倾向于罗马。起初后者占了上风，他们向罗马派出使节，表示服从并乞求帮助。这个要求让罗马人很困惑，对他们来说，把目光投向意大利之外是一件相当新鲜的事情——他们实力不俗，但对到国外进行征服心存恐惧。所以，如果答应这个要求，罗马就会卷入与迦太基的战争。另一方面，如果容忍迦太基人占领墨西拿，他们将成为一个危险的敌人，而只要征服了叙拉古，罗马就能成为西西里的主人。

元老院对这个问题辩论了不止一次，但没有作出任何决定。我们可以想象，除了对新的征服事业的恐惧外，他们还有些别的顾忌，即不愿与这些极不可信的人为伍。元老院把这个问题抛给了民众，民众既不感到恐惧，也没有顾虑，他们决定向马默尔丁人提供帮助，并与之结盟。

---

① "Mamers"是"Mars"的意大利文形式。

与此同时，墨西拿的另一个派系也一直忙于向迦太基求助。迦太基立刻派人赶去，他们与正在围城的希伦达成了协议，一支迦太基舰队驶入港口，汉诺率领的一支军队占领了城堡。当作为罗马执政官之一的阿庇乌斯·克劳狄（Appius Claudius）率领军队抵达时，他发现被人抢了先。不幸的是，迦太基的舰队司令和汉诺都缺乏远见和决心。前者在一次市民集会上被抓住，他是抱着达成和平局面的希望而去参加集会的；后者同意放弃城堡，前提是允许他带着驻军撤退。于是，罗马人没有发动一次军事进攻，就兵不血刃地成了墨西拿的主人。

迦太基人不愿接受这一结果，汉诺遭到严刑拷打，因为他的行为既显得懦弱，也缺乏良好的判断力。然后，他们与希伦合作，密切关注起这座城市。克劳狄试图达成协议，如果马默尔丁人被允许留下来，他甚至愿意离开。但当这些条件遭到拒绝时，他决心采取行动。

阿庇乌斯率军出城并提出交战请求，希伦接受了提议，双方经过长时间的战斗，希伦撤回营地；第二天，他返回了叙拉古。阿庇乌斯延续着他的胜利，攻击并击溃了迦太基军队，使他们被迫解除了对墨西拿的包围。随后，罗马派来一支规模更大的军队，希伦很有智慧，他能看出哪方最有可能取胜，于是顺从了罗马，成为罗马最持久、最有价值的盟友之一。其后，很多西西里与迦太基的城市纷纷效仿叙拉古。另一方面，迦太基强化了自己在岛上的力量，把阿克拉加斯打造成作战根据地，以及储存军事物资的地方。

接下来，罗马人包围了阿克拉加斯，把守军紧紧地困在城内。在被封锁长达五个月后，苏菲特、军队统帅汉尼拔·格斯科（Hannibal Gisco）无法忍受饥荒的折磨，向迦太基发出紧急求救。作为回应，迦太基派出一支规模相当大的部队以及很多战象前往西西里支援。在这支增援部队的帮助下，作为指挥官的汉诺在兵力上超过了罗马人，他切断了他们的补给，使罗马人陷入困境。

如果没有希伦的帮助，罗马人不可能坚持下去。汉诺认为现在是进攻敌人的时候了，他先是派出非洲轻骑兵，命令他们与罗马骑兵交战，再佯装撤退，把他们引到迦太基大军的攻击范围内。这个计谋成功了，罗马人冲出营地，追在非洲人后面，接着就发现自己已经奔到了汉诺大军的阵前，随后就被击退了。

两个月来，两支军队无声地对峙着，保持着大约两公里的距离。与此同时，城里的饥荒愈演愈烈，汉尼拔·格斯科通过城中的烽火（迦太基人似乎有着某种通信系统）和信使传递信息，使同僚们知道他无法再坚持下去。罗马人的斗志几乎没有减弱，双方都渴望交战，接下来的这场战斗漫长又艰难，最终，作为前锋的迦太基雇佣军支撑不住了，向着战象的身后败退，使整支军队陷入混乱，只有一小部分人员逃脱。但汉尼拔·格斯科和阿克拉加斯守军还是比较幸运的，他看到罗马人正在欢庆胜利，漫不经心地守卫着自己的防线，于是就悄无声息地从罗马人面前走了过去。第二天，罗马人进入阿克拉加斯，在那里他们缴获了大量战利品，抓了许多战俘。

此次战役的成功让罗马人意识到他们有能力成为这座岛屿的主人，但最大的障碍是，迦太基仍然是海上霸主，甚至罗马人自己的海岸也难免受到迦太基舰队的蹂躏。

　　想要实现称霸西西里的愿望，罗马必须拥有自己的舰队。他们当然有船只，因为几百年前与迦太基签订的条约就规定了罗马船只不能越界。他们可能也有战舰，但没有哪艘舰船能与迦太基人强大的五列桨战舰相抗衡。幸运的是，他们弄到了一艘五列桨战舰，这艘战舰在风暴中或是在一次攻击罗马运输船的战斗中搁浅了。罗马人将其作为仿造的模型。在几个星期的时间里，他们用绿色的木头建造了 100 艘五列桨战舰和 20 艘三列桨战舰，虽然这些船不怎么持久耐用，但足以契合他们的目标。

　　新海军的第一次尝试并不走运，一支由 17 艘船组成的舰队在利帕拉被俘获，其中还有一名负责指挥的执政官。迦太基人很快就发现，罗马人在海上和在陆地上一样强大。迦太基统帅汉尼拔·格斯科带着 50 艘船侦察敌情，意外地与罗马人的优势力量交战，损失了大部分船只，他自己也勉强逃脱。不过，如果罗马人没有把海战装置搞得像陆战器械那样先进，可能就会被迦太基水手的丰富经验打败。罗马的每艘船上都配备了接舷吊桥，它像一个步桥，长 20 多米，宽 5 米，系在船头斜桅的一根木柱上；当两艘船衔接时，它就会从木柱上掉下来。吊桥的前端装有一根铁钉，在坠落的力量下钉进敌人的甲板，牢牢地固定住。如果两艘船并排而行，船上的人就会从己方船只的各个部位跳到敌人的船上；如果只是船头碰着船头，他们就两个一组地沿着步桥走到敌方船只上去。

杜伊利乌斯圆柱

吊桥很快就被投入使用了。汉尼拔·格斯科遭遇了罗马执政官杜伊利乌斯，他瞧不起自己的对手，没有把舰队组织好，就向对方冲了过去。但这次，冲在前面的战船，一靠近罗马人，就被吊桥抓住，登船士兵从罗马船只上蜂拥而来，迦太基人被打了个措手不及，败下阵来，损失了前锋的全部30艘船。舰队的其他舰只也好不到哪里去，每当试图靠近罗马人的船时，那些铁钉就攫住他们。最后，迦太基人只好逃跑，损失了50多艘船，连汉尼拔·格斯科也乘坐一艘敞舱船溜走了。米拉海战是罗马与迦太基两大强国之间长期竞斗的转折点之一，迦太基已经统治这片海域长达几个世纪，现在却被一个在几个月前才开始涉足这一领域的敌手打败。①

在此,我们无须赘述此后长期斗争中的所有细节。在米拉海战那一年,汉尼拔·格斯科走向了生命的终结,他航行到撒丁岛,在那里再次震惊于罗马舰队的表现,损失了很多船只。战后,他再次逃了出来,但这次他被幸存的迦太基人抓住并钉在了十字架上。

接下来的两年里,尽管罗马在很大程度上占了上风,但西西里岛的战事一直拖延不决,没有发生任何决定性事件。公元前256年,双方爆发了一场大战,罗马政府厌倦了这些乏味的战役,决定把战线扩展到非洲去,在敌国境内打击对手。为了达到这个目的,他们召集了一支由330艘甲板舰船组成的舰队,运载着最精锐的部队,每艘船有300名船员,携带120名士兵。但迦太基的军队规模更大,有350艘船和15万人。

两支舰队在西西里岛南部海岸的埃克诺穆斯海岬相遇。罗马舰队呈三角形,舰队的顶端或尖端朝向敌人,部署了两艘巨舰,每艘都划着六排桨,由两位罗马执政官分别坐镇——阿蒂利乌斯·雷古鲁斯(Atilius Regulus,我们还会听到他的名字)和曼利乌斯(Manlius)。这个三角形的每条边都由一个中队组成,第三中队的舰船连接着载有骑兵的运输船,构成了三角形的底边;还有第四中队,作为预备队排成一长列,掩护其他中队的侧翼。

---

① 杜伊利乌斯在罗马获得了很高的荣誉,迎接他的是一场盛大的凯旋式,他的纪念圆柱上装饰着缴获的船只前端装备的喙,当他晚宴过后返回家中时,还得到了一项特权,那就是有一名火炬手和一名长笛演奏者一路陪伴着他。

迦太基人采用完全不同的战术，他们以所谓的开放式阵型排列船只，从海岸向大海延伸他们的战线以包围敌人。海岸中队即左翼，由将领哈米尔卡指挥；舰队的其余部分则由汉诺率领，虽然他的军队之前在阿克拉加斯被打败过。

罗马舰队开始进攻，看到敌人只由几艘船组成的薄弱防线，他们就向中心逼近。哈米尔卡已经预见到了这一点，他命令军官们在进攻开始时立即撤退。他们这样做了，并取得了预期效果，罗马人急切地追赶着飞奔的敌人，打乱了自己的战斗序列，前面的两个中队与第三中队（它们带着运输船）和预备队分开了。紧接着，撤退中的迦太基人掉转船头，转向他们的追兵，随后就是一场顽强的战斗。迦太基人在航海技术和船速上占有优势，但无论如何，他们都几乎不敢靠近。罗马舰船配备了可怕的接船与登船设备，一旦这些装备派上用场，战斗就必须由陆战兵来进行，而迦太基人在与罗马陆战兵的对抗中根本就没有胜算。

与此同时，另一场战斗在罗马舰队的后方打响，汉诺率领舰队向预备队逼近，使得罗马的预备队陷入一片混乱。接着迦太基舰队的左翼开始攻击带有运输船的第三中队。不过，罗马人的优势无处不在，在近距离作战时，迦太基人无法守住自己的作战位置，虽然他们可以不时地运用灵巧的冲锋击沉对方船只，但他们不擅长的近距离作战迟早会到来。

哈米尔卡首先撤退，随后，一直在向运输中队和预备队施压的汉诺也遭到了攻击，同样被迫撤离。就这样，罗马人第二次赢得了伟大的海上胜利，他们有 26 艘船被击沉，但没有一艘被俘。迦太基人则损失了大约 100 艘船，其中多达 64 艘连同船员一起为罗马人俘获。

逃脱的舰只向着各个不同的方向散开，如今没有什么能阻止罗马人入侵非洲了。

第 13 章
入侵非洲

汉诺带着埃克诺穆斯海战大败的消息匆匆赶回家中（虽然我们已经看到，对一位战败的迦太基将军来说，家并不是一个好去处），并通知国民做好防御准备。但是，迦太基和以往一样，在本土受到攻击时几乎束手无策，国民总是心怀不满，随时准备造反，以至于执政者们压根没打算修建用以防御的城墙。

迦太基没有能力抵抗入侵者。罗马人也发现了，这个国家的情况和阿加托克利斯 50 年前所见的几乎一样，异常富饶，却完全没有防御能力。

这一次，罗马人获得了丰厚的战利品，其中包括 20000 名奴隶。如果他们不是忙于掠夺，而是立刻进攻迦太基，可能会一举结束战争。

元老院要求其中一位执政官率领完成战争所必需的部队留在非洲，另一位执政官要带着其余的远征军回国。于是，雷古鲁斯率领15000名步兵、600匹马和一支由40艘船组成的舰队留下。其余的军队连同搜罗到的大量战利品，都由曼利乌斯率领，回到意大利。

迦太基的水库

另一方面，迦太基人正在竭尽全力加强他们的力量，新任命了两位将军，并从西西里调来第三位将军，他率领着五六千人日夜兼程驰援。奇怪的是，罗马人现在掌握着一定的制海权，却没有试图拦截他。他到达后，迦太基人决定发起进攻。富裕的市民不忍心看着自己的财产被掠夺、乡间别墅被摧毁，于是决心冒险一战。

然而，如果当时由经验丰富的将领指挥作战，结果还未可知。不幸的是，迦太基人找不到善战的将军，只能由哈米尔卡和他的同僚们列队出城，在一座小山上构筑阵地。由于他们以骑兵和战象作为主要作战力量，其实应该留在平地上，在那里这两种力量都可以派上用场。

水池壁的横截面

雷古鲁斯的军事能力很强，他看到了敌人的劣势——敌人的一半兵力无法发挥作用，便决定向迦太基人的阵地发起进攻，于是下令同时向迦太基人扎营的山头两翼冲锋。正如他预见的那样，骑兵和战象在那里毫无用处，虽然有些雇佣军在第一次冲锋中坚守住了阵地，但当后方被击溃时，他们也就都退却了。此役，罗马人取得了决定性的胜利，尽管他们的骑兵力量太弱，无法给撤退的敌人造成太多杀伤。第二天，他们继续前进，在图恩斯占领了一处阵地，这座城镇距离迦太基城不到六公里。

迦太基人陷入绝望,他们的舰队和陆军都遭受了可怕的失败,臣民和盟友都在造反——非洲人蹂躏起旧主人的领土,甚至比罗马人更无情。事实上,除了这座孤城,他们所有的东西都被洗劫一空。城中挤满了从四面八方逃来的人,面临着暴发饥荒的危险。在这种情况下,雷古鲁斯担心自己将会在战争结束之前任期届满,于是派出使节,提议商讨和平。迦太基立刻派出使节回应这一提议,但他们什么也做不了。而雷古鲁斯知道罗马元老院不会批准任何重大让步,就提出了迦太基不可能答应的条件。

如此,迦太基人当然认为,被彻底征服是最大的羞辱,便中断了谈判,决心抵抗到底。

随后出现的一个奇迹般的命运转折,彰显了历史的丰富多彩。雷古鲁斯的骄傲是"行将落败前的傲慢",迦太基人毫不犹豫地动用他们几乎无穷无尽的财富,从国外招募雇佣军。

这一次的雇佣军的指挥官来自世界上最好的"战士学校"——斯巴达,名叫克桑提普斯(Xantippus),他有幸获得这个机会并充分利用了他的军事才能。当雅典人即将征服叙拉古时,斯巴达人扭转了局势,如今斯巴达人又要做同样的事——帮助迦太基对抗罗马。克桑提普斯听别人说起最近的战况,他见识到了迦太基军队的力量,探明了他们的骑兵和战象的数量,由此得出一个结论——他直截了当地把这个结论告诉了朋友们——迦太基人的惨败不是因为军队的劣势,而是由于将军们的无能。元老院派人去找他,将他召至议事厅,要他阐述迦太基最近失败的原因,以及今后应该采取的战略。他的表述清晰明了，说服了听众。最终，元老院撤换了原来的将军们，把"统领军队的重任"交给了这个斯巴达人。

每个人都对这种变化抱有很大期待，克桑提普斯很快就表现出他能胜任自己的使命，甚至在训练军队方面——他马上就着手做了——他的技能也明显优于同僚们。士兵们开始对他充满信心，大声地请战，其他将军也主动把指挥权交给他。

国家陷入绝境的形势迫使迦太基本地人走上了战场，克桑提普斯率领的这支军队包括12000名本地步兵、4000匹马，还有100头战象。① 他把战象排在前面，在象阵后面布置了波里比阿所说的"迦太基方阵"，右翼是重装雇佣军，一些轻装部队和骑兵在一侧掩护支援，左翼完全由这两个兵种组成。

另一方面，雷古鲁斯看到迦太基人一心一意要打仗，也开始部署阵形。他特别注意面对战象的阵线，罗马士兵很害怕这种动物。他像往常一样把轻装部队放在前面，但在他们身后，异常密集的军团严阵以待。骑兵也像往常一样被布置在两翼。这种阵形能够很好地抵御战象的冲击，但缺乏纵深，在强大的迦太基侧翼骑兵的冲锋面前不堪一击。

战斗打响，克桑提普斯命令战象冲击罗马中阵，骑兵同时从两翼进攻，罗马这方仅以500名骑兵牵制迦太基的4000名骑兵，如果这些数字准确无误的话，罗马很快就会被击败。罗马人的左翼骑兵起初表现较好，他们猛烈地冲锋，战斗的热情丝毫不减，因为迦太基人没有往那个方向派去可怕的战象，他们

---

① 很难想象一座面临饥荒威胁的城市是如何养活100头战象的，每头战象每天至少需要约25千克的食物，其中至少有一部分可以作为人类的口粮。

向重装雇佣军进攻，击溃了敌人，并一直追击到营地。罗马中阵坚守了一段时间，前排士兵确实被战象踩成了一堆，但前阵主体靠着又深又密的队列，死战不退，尽管不得不面对同时来自前方、两翼和后方的攻击。击退战象之后，一部分人遇到了迦太基本地人的方阵，这支方阵是崭新的，没有被破坏过的，根本还没参加过战斗。另一部分人则抵抗着迦太基骑兵的猛烈攻击，都没有任何预备队支援。于是，大部分罗马士兵倒下了，有的被战象碾得粉碎，有的被灵巧的非洲骑兵投掷的标枪射中，有的在与迦太基重装步兵的对战中阵亡，还有少数士兵在逃跑过程中被杀死。罗马人逃往在海边设防的据点（因其形似盾牌，而被称作阿斯皮斯或克莱皮亚），要经过一片平坦开阔的田野，在迦太基的骑兵和战象围追堵截下，只有少数人逃回了堡垒。然而，一支2000人的顽强部队，突破了雇佣军的围攻，成功撤退到阿斯皮斯。迦太基俘虏了500人，其中包括执政官雷古鲁斯，不少于12000人死在了战场上或是逃跑途中。

  我从一位伟大的历史学家①的作品里读出了他的思考，在对这场战役的叙述中，他思考了命运的变化，以及一个人的天才足以产生何种奇迹般的影响。这些变化使人们在一天之内从巅峰跌落到痛苦的深渊，但他没有提到被俘的雷古鲁斯的下落。我们不确定这场战斗发生在哪一年，甚至根本就不能确定它是不是真实发生过；另一方面，这场战役太有名了，它的意义如此重大，在道德上如此崇高，以至无法被忽略。可以这样

---

① 波里比阿。

第四编　迦太基与罗马

说，这场战役深刻地影响了那个单纯、节俭、从田地里被召唤来指挥共和国军队的人，[①]改变了这位伟大的罗马战士的人生走向。

除了贺拉斯（Horace）那首崇高的颂歌，我不知道还有什么更适合讲述这个故事。我们可以这样说，或许这是他写过的最卓越的颂歌。开场白是这样，在迦太基被囚禁了几年后，雷古鲁斯被派往罗马商讨和平条款，被威胁如果失败就要回到迦太基。在他提出的条件中，有一项是赎回或交换囚犯。起初，他拒绝进入元老院，因为现在他只是一个迦太基奴隶。当被带进元老院时，他言辞激烈地劝告自己的同胞们，表达了自己从根本上反对议和的主张。

他用严厉的声音斥责、警告，如是撼动着元老院：

　　他看到了，在遥远的未来，
　　心灵败坏、罗马倾颓。
　　"这双眼睛，"他叫道，"这双眼睛看见了。"
　　苍白的利剑在勇士手中断裂，
　　罗马的旗帜被随意钉在墙上，
　　在布匿的神龛上蒙受亵渎；
　　它们见到天生自由之人的手，

[①] 后来有这样一个故事说，雷古鲁斯正在地里播种，信使带来了他被选为执政官的消息，据说塞拉努斯（Serranus）这个附加名（第二个姓）就是在这种情况下被赋予这个家族的。神界的埃涅阿斯看到，在这个种族未来的诸多英雄之中，"塞拉努斯正在他的犁沟上埋头耕耘"。我们不得不残忍地说，第一个背负塞拉努斯之名的雷古鲁斯，就是那位英雄的儿子。更糟糕的是，这个词的正确拼写形式应当是"Saranus"，它可能源自翁布里亚一个不起眼的小镇塞拉努姆（Saranum）。

扭曲着，挂在栅栏倾倒，
守卫四散的大门上，
我们的战争使田野荒芜，
而罗马人将再度耕种。
什么！黄金会解放奴隶？
以收获更多的忠诚与勇武吗？
你们只会在罪行中蒙受损失！
克里特人染色的羊毛，
再也无法恢复它的原色；
已然堕落与蒙羞的英勇，
它雄壮的力量，
将无法在懦夫的胸中复活。

雄鹿挣脱了猎人的牢笼，
面对这可怕的景象，人们退缩了，
他比以前更勇敢了吗？
他让自己的森林得到自由了吗？看呐，
那是你的战士！他跪了下来，
向着背信弃义的敌人；他感觉到打结的绳子，蜷缩在那里。
他恐惧的，不是羞耻，而是死亡。

他立誓要打仗，却乞求着和平，
这样的人会被再次武装起来吗？

他们会冲向布匿海岸吗？
不！他们会用金钱保住自己怯懦的生命，
连同布匿式的轻蔑与镣铐。
伟大的迦太基，昂首挺胸，
你的名声建立在我们的耻辱之上，
一座城市的眼睛，一个帝国矗立于罗马的废墟及其罪恶之上？

纯洁的吻和狂野的拥抱，
来自妻儿的温存，他转过身，
一个注定走向死亡的人，
不屑地低下他那男子气概的浓眉，
坚定，无情，悲伤，冷峻，
一切归于尘土，一切无言，
直到那些从未听说过的劝告，
激励了每一位摇摆不定的元老；
直到每个人的脸颊都被羞愧，
以及汹涌澎湃的欢呼声所淹没；
然后，从他哭泣的朋友们口中，
我们得知他即将走向流放与死亡。
他知道野蛮人怒火中烧的酷刑已经为他备好。
在他的命运中狂喜，他和蔼地挥了挥手，
向那些在路上极力挽留他的人群。
他穿过所有人，就像从前那样，

> 他在拥挤的人群中说出了自己的判断，
> 他很欣慰，得以在温纳法瑞的田野里，
> 又或是在爱奥尼亚海岸的希腊城邦塔兰托，
> 细细寻觅着自己的归途。①

关于"野蛮人怒火中烧的酷刑"到底是什么，我们不清楚。罗马人有一个可怕的说法是，这位英雄一回到迦太基，就被残忍地处死了。但是，他们在描写敌人的时候，从来不注意事实，关于迦太基及其所作所为，我们有理由相信，特别容易被夸大甚至是捏造。另一方面，当迦太基人自己的将军落败时，他们对其毫不留情，于是他们很可能会对敌人同样无情，尤其是当这个人给迦太基造成了如此大的伤害，并且像雷古鲁斯那样傲慢地对待他们的时候。

但是，关于罗马人自己的残忍行为，或者更确切地说，关于一个罗马女人的可怕故事，至少有着同样的权威性。元老院为了确保雷古鲁斯的安全，把两个迦太基贵族交给雷古鲁斯的妻子做人质。听到雷古鲁斯的死讯后，她命令仆人们把两个囚犯关在一个桶里，不给他们面包和水。五天后，其中一人死了，这个野蛮的女人把活人和死人关在一起，给了他一点面包和水，以便让他忍受折磨的时间可以延长一些。但是，她的仆人们反对这种惨无人道的行为，并向保民官报告了正在发生的事情。于是，那个可怜的讨厌鬼逃得了性命，民众也不允许他受到如此的虐待。

---

① 得益于斯蒂芬·德·维尔（Stephen De Vere）爵士的翻译（贝尔父子出版社，1885年版）。

第14章
西西里岛烽烟再起

罗马人仍然保持着海上优势，几个世纪以来，迦太基人一直是大胆创新的水手，他们转瞬被在这一领域几乎没有任何优势的民族打败，确实是一件非常奇怪的事情，① 但事实就是这样。雷古鲁斯的军队遭遇惨败的消息传到罗马，元老院急忙派去一支舰队运走了阿斯皮斯的守军，据说当时他们仍然在抵抗敌人。这支舰队途中遭遇了迦太基舰队，并将其击败。据记载，罗马人从总共200艘船中抽调了114艘，还运载着军队，但罗马人的海上作战能力和陆战能力一样好，尽管他们仍然算不上水手。在接下来的几年里，罗马人的船只多次失事，损失惨重，都是因为指挥官的无知与固执。这支舰队的情况也是如

---

① 在很大程度上，罗马舰队必定是由罗马人及其意大利的盟友组成的。事实上，直到最近一段时期，在船上工作的海员还被称为"伙伴海军""海军同盟"。为了表现罗马人在这些事情上的无知，波里比阿讲了一个奇怪的故事，关于战争期间建造的第一批船只的船员是如何通过在陆地上的演练来学习划船的。人们可以想象，这种练习对他们技能的提高不会有太大帮助。

此，领航员警告执政官说，西西里岛的南部海岸很危险，但执政官没有理会，结果一场灾难发生了。正如清醒与明智的历史学家波里比阿所说："在历史事件中，几乎没有哪场灾难的影响是如此巨大而广泛的。"在114艘船中，只有不到六分之一的船只幸免于难。迦太基人因此受到鼓舞，他们新组建了一支舰队，又征召了一支陆军部队，决心再次争夺西西里。的确，在第一次远征西西里时，迦太基人丢掉了帕诺尔穆斯，但这一次，他们占据了明显的优势，天气又一次帮助了他们。罗马人失去了另一支舰队，并一度放弃了成为海上霸主的全部希望，满足于只保留少量船只为军队运送补给。在战场上，迦太基也稳住了阵脚。战象对雷古鲁斯的军队造成的破坏没有被忘记，罗马军队不敢冒险在任何利于战象行动的地方进行战斗，直到他们发现，很容易让它们对朋友也像对敌人那样危险，才敢面对它们。迦太基的一位将军非常鲁莽地使用战象攻击一个城镇，弓箭手从城墙上向它们射箭，象群被伤口弄得发疯，就掉转头，把迦太基人的队伍冲垮了。这一次，很多战象落入罗马人之手，而且他们也不再害怕这些庞然大物了。

历史上最惨烈的围城战之一开始了。利利巴厄姆是一座非常坚固的城镇，靠近一处同名的海角，它的城墙异常的高，沟渠异常的深，只有通过在城镇与大海之间的浅湖才能进入港口。罗马人首先攻击西南城墙上的一座堡垒，并撞倒了城墙上的六座塔楼。希米尔科是守军指挥官，他不停地努力，修补缺口、挖掘防御地道，不断地观察，寻找放火焚烧罗马人攻城器械的机会。他还避免了雇佣军背叛而带来的更大危险，当希米

第四编　迦太基与罗马

尔科得到风声时，实际上这些雇佣军将领正在与罗马人签订条约。希米尔科设法中断了这件事，几天后，来自迦太基的支援到了——元老院得不到关于利利巴厄姆守军的消息，担心他们陷入了困境，匆忙地组织好一支由 50 艘船组成的舰队前往西西里，船上还有 10000 人的救援部队。负责指挥的海军统帅等来了有利的风向，此时他所有的船只都准备好了，直接驶入了港口。罗马人被他们大胆的做法惊呆了，以至于没有试图反击。

　　希米尔科受到增援部队的鼓舞，决心对围城的敌人主动出击，他动用全部兵力猛扑罗马人的攻城设施。但他错失了目标，当发现自己遭受的损失超出了承受范围时，就撤回了军队，而此时他的部队正要放火焚烧罗马人的推进装置和攻城塔。几周后，他成功了，这些建筑遭到狂风的破坏，一些雇佣兵在混乱中看到了摧毁它们的机会。希米尔科批准了他们的计划，这些部队从城门冲出来，放火焚烧了三个不同的地方。罗马人被打得措手不

利利巴厄姆的石碑

及，风势迅猛，把大量浓烟吹到他们脸上，让他们什么也看不见、什么也做不了。最后，一切都被摧毁，攻城塔被焚烧殆尽，攻城锤的金属撞头也被烧得熔化。在这次挫败后，罗马人放弃了迅速攻占这里的一切希望，决定依靠封锁来达到目的。

与此同时，迦太基舰队停泊在德雷帕纳。公元前249年新上任的罗马执政官阿庇乌斯·克劳狄决定进攻，他设法指挥军队在无人察觉的情况下来到德雷帕纳；迦太基海军将领阿德巴尔（Adherbal）被吓了一跳，但他没有丧失勇气，立刻组织好船只，从罗马人进入港口的相反方向驶出港口，在港外的宽阔海面上列好阵形。克劳狄不得不召回他的船只，已经进港的舰船在后退时与跟在它们后面的船只发生碰撞，导致一片混乱。舰长们仍然尽可能地沿着海岸指挥列队，把船头朝向敌人，但他们已经失去了选择的余地。迦太基人拥有广阔的海域和足够的活动空间，他们可以在形势不利时撤退，当机会再次出现时掉头进攻。当罗马舰船冒险前进时，它们的正面、侧面和后方都将遭到攻击，一旦陷入困境，除了海岸什么依靠都没有，如果它后退了，不是困于浅滩就是搁浅在岸上。罗马人也没有造船技术或是航海技术上的优势，以抵消这种地理位置上的劣势，船很笨拙，水手也不熟练。最后，克劳狄以惨败收场，带着30艘船逃跑了，其余将近100艘船都被俘获，船员们也成了囚徒，只有少数人从搁浅的船上跳下来，跑到了岸上。

另一位罗马执政官尤尼乌斯（Junius）更不走运，他在一次用120艘战船护送800艘运输船的航行中，迦太基海军迫使他的舰队在一处下风岸（靠近卡马里纳）抛锚，附近没有港口可以驻泊。当风暴袭来时,负责封锁的迦太基舰队出海了,绕过帕奇努斯角,躲过了最严重的风暴。罗马舰队没有时间,或者没反应过来,没能跟上它们,总之,罗马舰队被彻底摧毁了。一位历史学家说:"几乎没有一块木板是完整的。"就在几天前,利利巴厄姆港的大部分船只也被烧毁了,罗马现在没有舰队了。

尽管如此,利利巴厄姆之围仍在继续,封锁线上的军队可以将西西里的大部分地区作为给养来源,得到充足供应,而被围的城镇也可以从海上获得补给。虽然罗马人出其不意地占领了西西里岛第二高地厄律克斯要塞,但战争仍持续了一段时间,这对双方都没什么好处。

硬币(厄律克斯的神庙与堡垒)

这个时候，迦太基出现了一位少有的伟人，哈米尔卡·巴卡（Hamilcar Barca）。① 他被任命为迦太基舰队与陆军指挥官时，还非常年轻，只是小有名气。但他很快就向众人证明了自己胜任这个职位。他在西西里的西北部——帕诺尔穆斯和德雷帕纳之间——建立了一块稳固的落脚点，它位于一大块高耸的岩石，叫作赫塔（现在的佩雷格里诺），它集各种优点于一身。从陆地上接近它非常困难，以至于只用非常小的一支部队就可以防御陆上进攻。它附近土地肥沃，气候宜人，还有一处又深又宽敞的港口。尽管罗马军队占领了邻近地区，哈米尔卡·巴卡还是在这个地方坚持了三年之久，他率领舰队——因为罗马已经暂时放弃了控制海洋的企图——劫掠意大利南部沿海，补充物资。在陆地上，他计策频出，不断以奇袭牵制敌人。虽然他没有取得值得称道的重大胜利，但罗马人拿他没有办法，对利利巴厄姆的围攻也无法取得任何进展。罗马人急于把他赶出这个要塞，一度集结了40000人来围攻。然而，这一切都是徒劳的，三年后，

厄律克斯的腓尼基人城墙

---

① 迦太基名将，迦太基在西班牙的开拓者。

哈米尔卡·巴卡自愿去往另一个地方——厄律克斯。前文提到过，罗马人占领了那里。

哈米尔卡·巴卡率军登上舰队，出人意料地来到厄律克斯，尽管罗马人仍然控制着山顶的堡垒，但这座城镇已经被迦太基占领了。他在这里坚守了两年，几乎得不到来自家乡的援助。应付雇佣兵是主要麻烦之一，他们吵着讨要报酬，他无力支付，不得不用承诺来拖延。罗马人无法对他施加任何影响，对迦太基要塞的围攻，没有取得任何进展。

如果迦太基拥有更多像哈米尔卡·巴卡一样的人，战争的结果可能就不一样了，或者比现在坚持得更久一些，但哈米尔卡·巴卡不能确定副手们也像自己这样精明强干。

公元前241年，罗马为恢复其海上霸权作出了巨大努力。在经历了将近23年的战争后，国库已经耗尽，但罗马公民们站出来为战争提供所需物资，最富有的人可以独自建造一艘船，或者两三个稍微富裕的人凑在一起，也能造一艘船。于是，一支由200艘五列桨战舰组成的舰队就集结起来了，这些船的结构是最合理的。执政官卢泰修斯·卡图卢斯（Lutatius Catulus）率领这支舰队前往西西里。

迦太基人没有做好准备，他们确实没有料到已经放弃海

厄律克斯城墙的暗门

上霸权数年的敌人，现在会试图夺回制海权。正因如此，卡图卢斯才能在没有遇到什么抵抗的情况下，占领利利巴厄姆和德雷帕纳的港口。他率军猛烈地围攻后者，同时忙于训练他的船员，直到他们成为专业的水手，并为以后的战斗做好准备。

另一方面，迦太基人准备采取行动。指挥舰队的汉诺将军制订的计划是这样的，他为哈米尔卡·巴卡在厄律克斯的军队运送补给物资，登陆后卸下给养，带上一些精锐的部队和哈米尔卡·巴卡本人会合，再与罗马人交战。罗马人的计划则是，在迦太基船只未完成卸货时就采取强攻。于是，卡图卢斯让最精锐的部队登船，驶向利利巴厄姆对面的艾古萨岛。汉诺在稍远一点的外海另一座岛屿——希拉岛。整个前线都以埃加迪群岛这个名字为人所知（这个词很可能与希腊语中表示"山羊"的词有些关联）。卡图卢斯打算马上开战，可是当预定的行动时间到来时，他又犹豫不决——风很猛烈，而且是从西边吹来的，这样会有助于敌人的行动，阻碍他们的进攻。但拖延会造成更大损失，迦太基人的船只此时正满载着物资，如果不立即交战，他们就摆脱罗马人了，而且还会从厄律克斯的军队中抽调精锐登船，最重要的是，可怕的哈米尔卡·巴卡本人也在其中。基于这些考虑，卡图卢斯下定决心开战，当他率舰出海时，迦太基人已经向东开进。卡图卢斯的水手们经过训练，强壮而灵巧，他们把船横在迦太基人的去路上，排成一列迎接他们。这场冲突短暂而又具有决定性，汉诺的船上堆满了货物，迦太基人从来忽视舰队的操练，因此船上的士兵不比生涩的新兵好到哪里去。

在这些方面，罗马人更胜一筹，除了战斗所需的东西，船上什么也没有。桨手训练有素，战士也都是最精良的。在第一次交锋中，他们就占据优势，50艘迦太基舰船被击沉，70多艘船连同船员一起被俘，由于突然刮起了东风，其余舰船和迦太基人才得以回到在希拉的锚地。

埃加迪群岛战役将战争引向了终结，迦太基无法再为西西里的军队提供补给，而且觉得继续战斗下去也没有什么意义，于是，元老院授权哈米尔卡·巴卡进行和谈。

罗马人也已经准备好迎接哈米尔卡·巴卡，在这场长期斗争中，他们也已经疲惫不堪。经过几轮谈判，双方签订了条约。主要条件是，迦太基必须放弃在西西里的一切据点，并保证今后不再干涉这个岛屿的事务。迦太基人在这个岛上居住了至少四个世纪，近两个世纪以来，迦太基一直想要夺取整座岛屿，有时他们已经非常接近这个目标，现在终于不得不放弃这一追求。

这对迦太基来说无疑是一个巨大的打击，我们可以称之为她迈向衰败的第一步。战争赔款的数额相当于今天的80万英镑，但哈米尔卡·巴卡决心保全自己的荣誉，罗马人要求在厄律克斯的迦太基军队投降，他坚决拒绝了这个要求。罗马人不再坚持，这支军队得以带着在战争中获得的所有荣耀，列队出城，回到了迦太基。就这样，在持续了23年之后，第一次布匿战争终于结束。

第 15 章
迦太基与雇佣军之乱

我们不止一次观察到迦太基的雇佣军带来的诸多麻烦，现在麻烦又来了，而且比以前更加严重。事实是，迦太基拥有的巨额财富，在 23 年的战争中已经耗尽，无法履行与雇佣军在战时签订的契约。另一方面，雇佣军比以往任何时候都更强大，他们已经不再是为某次作战而受雇、服役几个月就解散的部队，而是经过长期战争磨炼、相互了解、共同行动的常备军，他们中的许多人都曾师从伟大的战士哈米尔卡·巴卡，研习战争之术。

和平协议达成之后，利利巴厄姆总督盖斯科（Gesco）就开始以小分队的形式把雇佣军逐批派到迦太基。他希望这些雇佣兵来到迦太基时，能够得到报酬，并被遣散回家。如果能做到这一点，自然一切都皆大欢喜，可政府要么是不想这样做，要么是弄不到钱。一船又一船的人来了，满城都是，过了一段时间，他们到处惹是生非，政府只好把他们聚拢在城墙外的一处营地，就那么丢在那里，除了抱怨这些雇佣兵心怀不满、密谋作乱外，什么也没有做。

当政府终于弄到或至少弄到一部分金钱时，已经太迟了。在雇佣军中出现了一些带头人，他们的兴趣不是和平，而是战争。其中有一个名叫斯潘迪乌斯（Spendius）的男人，他是从坎帕尼亚逃出来的奴隶，自然害怕当一切都尘埃落定时，自己可能会被送回到他的主人那里，那意味着他将遭受折磨并被处死。据说他力大无穷，非常勇敢，甚至算得上冒失。还有一个是自由民出身的非洲人，名叫马托（Matho），自从雇佣军回来后，所有的骚乱都是他一手策划的，所以他很害怕迦太基雇主会报复。马托发现非洲同胞们愿意听他的，便对战友们说："迦太基人打算把其他国家的军队送回到各自的家乡，当你独自一人时，会感受到他们的怒火。"

这样，雇佣军很快就找到了公开反叛的借口，盖斯科被派去和叛军协商，他向雇佣兵给付了拖欠的工资，但把有关谷物、马匹等津贴的问题推到另一个时间再商议。听到这个提议，士兵们强烈不满，大喊大叫，几分钟后，一群喧闹的军人就聚集起来。斯潘迪乌斯和马托在集会上发表了长篇大论，得到了热烈的掌声，而其他试图表达反对意见的人就被当场诛杀了。历史学家说，在这个由不同国家的士兵组成的混杂人群中，每个人都能理解的唯一单词就是"杀"。斯潘迪乌斯和马托被选为将军，盖斯科及其随从成了俘虏，被戴上镣铐，投入了监狱。于是，迦太基和她的雇佣军之间的公开战争就爆发了。

非洲城镇立即加入了叛军，他们总是对宗主不满，如今这种不满达到了顶峰。战争刚结束时，迦太基的生活开销巨大，以致政府将属地的赋税征收到最高限度——农民支付的实物地租提高到产出的一半，城镇缴纳的贡品翻了一番，任何拖欠款项的行为都会受到严厉惩罚。这种压迫引起的愤怒是如此强烈，以至于妇女们把她们的首饰扔进了募捐箱——在非洲妇女的财富中，首饰占了不小的份额。斯潘迪乌斯和马托也是通过这种方式以及其他来源得到了大量金钱，在解决了军队的全部需求后，还有充足的资金进行战争。

只有希波和尤蒂卡这两个城镇还忠于迦太基，它们立刻被叛军包围起来。在战场上，雇佣军兵分三路，一支在希波镇，另一支进军尤蒂卡，还有一支在图恩斯构筑了一座稳固的营地。就这样，迦太基与非洲内陆的一切陆路联系都断绝了，只是还保持着制海权。

迦太基总司令汉诺[①]向围攻尤蒂卡的叛军进军，他带着100头战象冲破了雇佣军营地的防御工事。

叛军仓皇逃窜，汉诺习惯了与半野蛮的对手交战，那些人一旦被打败，就不容易团结起来了，于是他以为已经取得了胜利。他在尤蒂卡自娱自乐，任凭军队随心所欲、游手好闲。但这次不一样，他的敌人是哈米尔卡·巴卡训练出来的士兵，如果有需要，他们可以在一天之内进行不止一次的撤退与集结行动。他们果然集结起来，看到迦太基人的营地无人值守，就

[①] 这个汉诺将军不知道用了什么手段，获得了"伟大"的称号，但他的所作所为毫无显眼之处，配不上这个称号。

发起了攻击，缴获了大量物资，其中包括汉诺派人从城里调来的一些远程攻击装备。

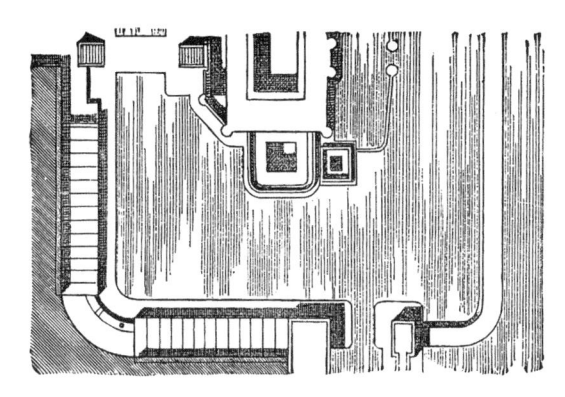

尤蒂卡港口平面图

战场的指挥权现在交给了哈米尔卡·巴卡，他率领一支由 10000 名迦太基本地人组成的军队，除此之外，还有一队雇佣兵、一些敌人的逃兵和 70 头战象。他的第一个行动是解救尤蒂卡，主要的困难在于打破叛军将领马托在迦太基周围建立的封锁圈——这座城市所在峡谷末端的山丘被叛军占领了，包括马卡尔河上唯一的一座桥。但哈米尔卡·巴卡注意到，一股风把大量的沙子吹到马卡尔河的沙洲上，使得人们很容易涉水而过。利用这一点，他率领军队夜间渡河，第二天一早，他出现在河的对岸，并迅速从后方攻击守卫桥梁的叛军。

他的朋友和敌人都大吃一惊。围困尤蒂卡的叛军，派出一支强大的分队前去支援友军，当时哈米尔卡·巴卡正在行军，他的队伍里战象在前，紧接着轻装部队，重装部队殿后。一看到敌人，他就变换了各部队的方位。斯潘迪乌斯误以为他要逃跑，就下令冲锋，结果发现哈米尔卡·巴卡的重装部队以逸待劳，正在静静地迎接着他们。同时，迦太基人的骑兵和战象进攻雇佣军的侧翼。很快，叛军阵营就被打乱了，6000人死在战场上，2000人被俘。

此役，哈米尔卡·巴卡冲破了封锁，但希波和尤蒂卡仍被围困，还有大批叛军盘踞图恩斯。

然而，这次胜利对非洲部落产生了积极影响。努米底亚的一位首领带着一支2000人的军队来到哈米尔卡·巴卡的营地增援，让他觉得自己又有了足够的力量去战斗。尽管接下来的战斗漫长又艰难，迦太基人最终还是靠着战象的帮助赢得了胜利，杀死了10000名叛军，俘虏4000人。对于后者，哈米尔卡·巴卡明智地给予了仁慈的处理，他提出慷慨的条件——雇佣兵们可以继续为迦太基效力，也可以回家，但如果再次叛乱，就不能再指望得到宽恕。

当叛军的将领们得知这一方案时，都沮丧不已，他们唯一的计划就是让那些追随者们做出不可能被迦太基宽恕的事情。于是，他们召集士兵们开会，在会议进行中，一个信使被带进会场，他伪称自己送来了撒丁岛叛军的急件。

这封信警告道，军营里正在酝酿一场阴谋，要释放盖斯科和其他囚犯。

斯潘迪乌斯站起来发言，他说："不要相信哈米尔卡·巴卡，他的仁慈只是一种伪装。当他把你们所有人都攥在手里时，就会惩罚你们，谁也跑不掉。同时，要当心盖斯科，他是一个非常危险的人，别让他跑了。"他讲完话之后，第二个信使来了，号称是从图恩斯营地来的，送来了一封和第一份急件内容差不多的信。就在这个时候，一个曾经和斯潘迪乌斯、马托共同指挥叛乱的高卢人安塔里图斯（Antaritus）站起来向士兵们讲话。他的优势在于会讲迦太基语，他的听众大多在迦太基政府工作过，对这种语言有所了解。他告诉士兵们，不要妄想与迦太基媾和，这种想法非常疯狂，任何提出这种建议的人都是叛徒，最好的办法就是处死关押着的囚犯，以此阻止议和的继续推进。

这个可怕的建议被采纳，盖斯科和他的狱友共700人被残忍地杀害。从那时起，直到战争结束，双方都不再留情。

有一段时间，迦太基人事事不顺。此时汉诺已经和哈米尔卡·巴卡一起指挥军队，但两人不够配合，使军队遭受很大损失。迦太基失去了撒丁岛，如今尤蒂卡人和希波人也在屠杀了迦太基守军后起事。在这一危机中，迦太基的外国盟友忠实地支持她，叙拉古的希伦也给予帮助，因为迦太基被摧毁对他没有好处——没有对手的罗马过于强大，叙拉古很快就会被吞并。只有罗马的执政者们没想过这方面的事情，他们表现得相当好，既不愿占领撒丁岛，也不愿占领尤蒂卡，尽管这两个地方都是叛军送上门的。所以，他们允许商人向迦太基运送物资，同时禁止商人与叛军有任何往来。

现在形势对雇佣军不利，他们围攻迦太基，但自己也被包围，一位名叫纳拉瓦索斯（Naravasus）的努米底亚王公率领骑兵切断了他们的全部补给线，让物资供应降到了惊人的地步。斯潘迪乌斯和他的同僚们努力达成了和议，哈米尔卡·巴卡同意不追究叛军的责任，但有十个人例外，而且人选要由他来决定。协议达成后，他说："现在我就要挑选那十个人当中的某些人。"不出所料，斯潘迪乌斯和安塔里图斯就是其中两人。

此时，对迦太基城的围困已经解除了，哈米尔卡·巴卡继续向图恩斯的叛军营地进攻。他站在一边，他的副官汉尼拔·格斯科站在另一边，斯潘迪乌斯和他的狱友们面对着城墙被钉死在十字架上。不幸的是，汉尼拔·格斯科是个无能的将军，指挥叛军的马托发起突袭，猛攻营地，把他抓了起来。为了报复斯潘迪乌斯的死，他也被活活地钉死在十字架上。

为了结束战争，迦太基做了最后的努力，任何一个达到携带武器年龄的公民都将被强征入伍。哈米尔卡·巴卡和汉诺同意不计前嫌，放下彼此的分歧，共同行动。现在一切都很顺利，马托被迫冒险一战，最终兵败被俘。除了尤蒂卡和希波，所有的非洲城镇都投降了，这两座城镇孤立无援，也没有坚持多久。

波里比阿说："迦太基人和他们的雇佣军之间的战争，在持续了三年零四个月之后，就这样结束了。这是迄今为止，我们在历史上看到的最不虔诚、最血腥的战争。"

迦太基在这场战争中元气大伤，除了男人和金钱，还失去了撒丁岛。罗马人似乎对自己的谦恭态度感到了后悔，叛乱的雇佣军第二次向他们奉上这座岛屿时，罗马人没有拒绝。当迦太基准备以武力夺回该岛时，罗马向她宣战，这个不幸的国家不得不作出让步，并额外支付了赔款1200塔兰特。

第 16 章
迦太基与西班牙

雇佣军战争终于结束了，哈米尔卡·巴卡成为迦太基最伟大的人物，正是他在最危急的时候拯救了这个国家。

民众都渴求他的指引，在接下来的40年里，他和他的家族，或是由他们领导的政派，被他们的对手称为"巴卡辛派"（Barcine Faction），一直掌控着政府。哈米尔卡·巴卡的目标之一是收复迦太基的失地，但这是一个很难实现的目标，重新征服西西里岛以及西地中海的其他岛屿是无望的。400多年来，迦太基在这里消耗了她的力量，却从未完全控制这些地区。现在，它们永远落入了更强壮的人手里。

迦太基至少在恢复实力之前，与罗马进行另一场战争将是致命的。不过战争的威胁已经来临，哈米尔卡·巴卡不得不把目光投向别处，他注意到了西班牙。迦太基已经在这个地区扎下根基，拥有贸易港口，还从当地部落中吸纳了一些最优秀的战士。哈米尔卡·巴卡有了一个想法，他想在这里建立一个帝国，以弥补他的国家在其他地方的损失。他一直把这个想法深藏在心里，守口如瓶，直到开始付诸行动。他先是率领军队远征迦太基西部的非洲部落，在他越境进入西班牙并向当地部落发动战争的消息传来之前，几乎没有人听说过他的行踪。他用了九年的时间，建立了一个新的帝国。关于他的远征活动，我们知之甚少，只知道行动很成功，他的军队不仅自食其力，还向迦太基输送了大量钱财，以保持他政派的影响力。而且他还有足够多的钱贿赂当地酋长。九年后，他战死沙场，但留下了一个能干的继承人——女婿哈斯德鲁巴。

哈斯德鲁巴曾随同哈米尔卡·巴卡远征，他按照哈米尔卡·巴卡的计划，完成了他开启的事业。在这一点上，我们不知道事情的细节，可以肯定的是，他是个优秀的战士。当哈米尔卡·巴卡越海进入西班牙后，非洲海岸那些躁动不安的部落武装起来，再次反叛，哈米尔卡·巴卡派他回去，他很快就迫使那些非洲部落屈服了。作为一名管理者和统治者，他似乎更伟大，通过令人舒适的举止、与土著部落的政治关系，以及他与部落小首领们建立的友谊——据说他娶了一位西班牙公主——推动了迦太基的事业，不只是靠武力。新迦太基的建立是他的功劳，这里有整个海岸上最好的港口，靠近阿勒忒斯的地方还有丰富的银矿，很快就成为这个新行省的首府。事实上，哈斯德鲁巴是如此强大，以至于有人怀疑他在谋划成为迦太基的绝对主人。此外，将这个帝国与罗马的边界划定在埃布罗河的条约，据说就是哈斯德鲁巴与罗马人签订的。

在这个时候，罗马人的嫉妒心被激起，他们吃惊地看着这位迦太基将军在西班牙部落那里取得惊人的进展，于是开始四处寻找自己的盟友。这时，一个有部分希腊起源的城镇萨贡托（它的名字似乎与希腊西海岸一个叫作扎金索斯的岛屿有关），找上罗马请求保护，得到了应允。迦太基与罗马签订的条约，规定伊布罗河（现在的埃布罗河）为迦太基行省的东部边界，但在边界内约60公里的萨贡托应该保有独立地位。后来，哈斯德鲁巴遇刺身亡，因为他处决了一个冒犯政府的西班牙酋长，遭到了这个酋长豢养的奴隶的报复，这时他担任西班牙最高长官已经有八年多了。

此时，迦太基历史上最伟大的人物来到了前台，大约17年前，当哈米尔卡·巴卡准备越境进入西班牙时，他九岁的儿子汉尼拔·巴卡请求父亲允许他同往。哈米尔卡·巴卡同意了，但他先把这个孩子带到祭坛前——为了准备远征，他正在那里举行献祭仪式。他命令汉尼拔·巴卡把手放在牺牲者身上，发誓永远仇恨罗马。

我们会看到这个孩子是如何遵守他的誓言的。哈米尔卡·巴卡阵亡时，汉尼拔·巴卡也在场，虽然那时他只有18岁，却被他的姐夫、哈米尔卡·巴卡的继任者哈斯德鲁巴任命为高级军事指挥官。李维说："在特别需要勇气和毅力的时候，哈斯德鲁巴更喜欢让他来指挥，在他手下的军官中，没有谁带出来的士兵，能比汉尼拔·巴卡的士兵更自信、更勇敢。"他的确是军人的典范，很勇敢，但从不鲁莽，在危险面前沉着冷静，而且可以调动无限丰富的资源。他似乎失去了对疲惫的知觉，既能容忍寒冷，也能忍受酷热。对于饮食，他只满足于基本生理需要。他利用空闲的时间睡觉，补充体力，无论什么时间、地点，他都能睡着，人们经常能看到他裹着军大衣躺在地上、躺在哨兵和纠察兵中间。他对自己的衣着毫不在意，相比于最卑微的同僚，他穿得也没有好多少，但他的武器和马匹，却是目之所及内最好的。他是个令人钦佩的骑手，一名技术娴熟的战士，他的勇毅与娴熟同样卓绝。毫无疑问，他将成为哈斯德鲁巴的继任者，在哈斯德鲁巴遇刺后，军队立即选举他作为指挥官。

到了这个时候，迦太基政府只能承认选举结果。汉尼拔·巴卡的首次行动是针对一些西班牙内陆部落，他占领了上塔霍河两岸地区（现在的新卡斯蒂利亚西部区域），战事从公元前221年秋持续到第二年。最终，汉尼拔·巴卡打败了一支土著军队，据说其人数多达10万，取得巨大胜利，结束了这次战役。

公元前219年春，汉尼拔·巴卡围攻萨贡托。行动起先很成功，他敏锐地发现了城镇防御工事的薄弱之处，就立刻将其作为主攻目标。但萨贡托人已经做好了迎敌准备，事实上，他们完全坚守住了自己的阵地，汉尼拔·巴卡本人也被从城墙上扔出的标枪刺中，受了重伤。但他拥有人数众多的优势——据说他的军队多达15万人——而守军却没有足够的人手护卫整座城墙。攻城锤被运用得很有效，打开了一个缺口，接着，迦太基人尝试猛攻这个缺口，他们猛烈地进攻，萨贡托人顽强地抵抗。据说镇上的人用一种奇怪的武器，对围城者造成了巨大破坏，他们将一块沉重的铁尖和一根支轴绑在一起，绕成一团，然后点燃它。最终，迦太基人的猛烈进攻被击退了。

此时，罗马派来一个使团，但汉尼拔·巴卡拒绝接见，他假意说使节们进入他的营地会存在安全风险，不能保证他们不受蛮族盟友的伤害。罗马使团按照指示前往迦太基，主和派的领袖汉诺诚挚地恳求元老院屈服于罗马的要求，他建议把军队撤出萨贡托，并对其进行补偿，甚至还建议汉尼拔·巴卡投降，因为他破坏了迦太基与罗马的条约。但他几乎找不到一个支持者，罗马使臣们提出的要求遭到了拒绝。

与此同时，对萨贡托的围攻激烈地进行着。守军急忙在被攻破的地方建了一道新城墙，但它又被轻易地推倒了，一支攻城部队已经在城里站稳了脚跟，防御仍在继续，但显然已经是毫无希望。汉尼拔·巴卡愿意给出这样的条件：萨贡托人可以带着妻儿撤离，但要留下他们的全部财产，每人只允许带走两件衣服。正当这个提议在一个临时召开的大会上讨论时，由于很多人挤进了元老院，一些显赫的市民就退出了元老院，他们生了一堆大火，把所有能搬得动的公共物品和私人财产都收集起来，扔进了火里，然后自己也绝望地、决绝地跳了进去。在这期间，迦太基人强行攻进城里，杀光了所有成年男性。他们缴获了非常多的战利品，除了士兵们拿走的东西外，剩下的还足够给国库添一大笔钱。

毫无疑问，战争将会随之而来，事实上，罗马人已经为此做了万全准备。不过，他们似乎很想把一切都弄清楚，于是又派了一个使团去迦太基。使节们带着指示，向迦太基元老院提出一个简单的问题："汉尼拔·巴卡进攻萨贡托，是遵照你们的命令吗？"

迦太基元老院拒绝给出直接的答复，代表他们意见的发言人辩解道，迦太基和罗马签订的正式条约里没有提到萨贡托，他们不能承认罗马与哈斯德鲁巴私下达成的协议。李维说："听到这些话，罗马人折起他的长袍，说道：'我们现在给你们带来和平与战争，你们喜欢拿什么就拿什么吧。'现场立刻响起一声激烈的喊叫：'把你想要的给我们吧！'罗马人打开折起的长袍，回答说：'我给你们战争。'迦太基人的回应是：'我们接受，而且本着我们接受它的精神，我们将会付诸实践。'"

就这样，第二次布匿战争开始了。

第17章
从埃布罗河到意大利

占领萨贡托后，汉尼拔·巴卡进入了新迦太基的冬季营区，允许所有想要回家的西班牙士兵休假。他说："在早春的时候，你们回来吧，我将作为你们的领袖，在这场战争中，带领你们获得无上的荣耀和利益。"整个冬天，他都在酝酿着一个计划，那就是入侵意大利。他知道，由于国内爆发冲突，迦太基已经到了毁灭的边缘，这是因为臣民都在反对。毫无疑问，罗马也有对其统治不满的臣民，在过去的100年里，她将意大利的大部分地区都纳入了帝国。

汉尼拔·巴卡希望在意大利找到他的最佳盟友。春天刚到，汉尼拔·巴卡就对部队进行了部署，他向非洲派遣了大约15000人，主要是西班牙人。他给自己的弟弟哈斯德鲁巴·巴卡留下一支由12000名步兵、2500名骑兵、500名投石手和21头战象组成的军队，此外还留下一支由57艘船组成的舰队。他制订的政策是，让西班牙军队驻守非洲，让非洲军队驻扎在西班牙。他自己率领着90000名步兵和12000名骑兵，渡过了埃布罗河。

越过名义上仍是罗马和迦太基边界的埃布罗河，就意味着双方正式开战了。在出发的前一天晚上，汉尼拔·巴卡做了一个梦，当时他刚从加德斯的梅尔卡特神庙回来，庄重地拜访了那里。在梦中，他看见一位像神一样的年轻人，对他说："朱庇特派我引领你的军队进入意大利，跟我来，但不要回头看。"汉尼拔·巴卡战战兢兢地跟在后面，过了一会儿，他忍不住回头看，看见一条巨大的蛇正在向前移动，摧毁了它爬过的整片森林。他问这意味着什么，他的向导回答说："这是意大利的毁灭，继续前行，不要再问什么了，就让命运的齿轮隐藏在神秘的黑暗之中吧。"

实际上，汉尼拔·巴卡的兵力在抵达阿尔卑斯山麓前已经减少了很多，这是征程的第一站。他必须征服埃布罗河与比利牛斯山之间的国家，留下一支庞大的军队镇守——他觉得把一些不愿意或是害怕跟他一起进军的人遣散回家是明智之举。他率领50000名步兵和9000名骑兵越过比利牛斯山，向罗讷河进发。一路上，大军几乎没有遇到什么阻力，从行军路线看，他的部队来到了尼姆苏斯（现在的尼姆），到达河流岸边的地点可能是罗克莫尔。

在那里，汉尼拔·巴卡发现远处的河岸被邻近的高卢人占据着，那是一支强大的武装。向导告诉他，在河的上游大约40公里处有一座岛屿，位于河流分岔处，水很浅，比较容易渡河。于是，他派汉诺带领一支军队穿过那个地方，从后方进攻敌人。一路上,汉诺没有遇上阻击,他率领的西班牙士兵水性很好,把衣服和武器放在气囊上,将气囊推向身体前方,就这样游到更远的岸边;非洲士兵则不会游泳,他们只好坐着木筏过河。与此同时,汉尼拔·巴卡也在为渡河做准备,他从河流右岸的友好部落那里搜集到一些小船,把这些给了步兵。他们自己建造的更大的船只和木筏则留给骑兵,他又将大船安排在河流上游,以削减水流对轻型船只的冲击。一切准备就绪后,他发出了渡河的指令。

敌人虽然被他直面守军的大胆渡河行动吓了一跳,但仍然坚守着阵地,要不是汉诺的部队提前绕至后方,或许守军就成功地抵挡住迦太基人了。在这关键时刻,守军看到身后升起了浓烟,那是汉诺率领的步兵按计划燃起的火焰。这下,高卢军队终于发现自己腹背受敌,这是任何一支纪律不够严明的部队都难以承受的风险。汉尼拔·巴卡知道这一点,就大胆地向前推进,他自己就在最前面的一条船上,跳上岸,身先士卒。

高卢人几乎没有交锋就溃逃了,而汉尼拔·巴卡还得赶着战象过河,他用泥土覆盖一个大木筏,牢牢地系在岸边,用同样的方式将另一个小木筏也伪装起来,拴在大木筏上。两头母象领着战象,先上了大木筏,又上了小木筏,它们以为自己还在陆地上,没有挣扎反抗。然后,小木筏被分离出来,推过河流。当这些庞大的野兽发现自己浮在水面上时,它们很害怕,但正是这种恐惧使它们安静下来。在这个过程中,有两头大象掉进了水里,负责运送它们的船夫不幸淹死了,但两头大象还是安全到达了对岸。

汉尼拔·巴卡沿着罗讷河左岸行军，直到抵达伊泽尔河。在这里，他结交了一位很有用的盟友——阿洛布罗基人的一位酋长。汉尼拔·巴卡支持这位酋长对抗争夺其王位的弟弟，酋长为他的军队提供了各种各样的物资，尤其是鞋子，还一路护送他们直到阿尔卑斯山脚下。

有人会问，难道罗马人没有采取任何措施来抵御这次入侵吗？他们有其他事情要做，在今天的意大利北部，当时被称作奇萨尔皮尼或是山南高卢的地方，正与高卢人交战。他们所能召集到的第一支军队，被派去对付高卢人了，普布利乌斯·西庇阿（Publius Cornelius Scipio，我们以后还会经常听到这个名字）[1]被派往罗讷河口，如果他立刻向河流上游移动，就能阻碍汉尼拔·巴卡过河，但他一动不动。很快，他就获知迦太基人就在附近。汉尼拔·巴卡派了一支非洲骑兵中队去侦察，老西庇阿也派了一些骑兵，双方遭遇，发生了激烈的冲突。这是第一次交锋，罗马人赢得了胜利。当他的骑兵回来后，老西庇阿沿着河流前进，他发现汉尼拔·巴卡已经转移，觉得不应该跟在迦太基人的后面，于是来到海上，派他的兄弟格涅乌斯（Cnaeus）率领大部分军队进入西班牙，自己则率领余下的人一起坐船返回意大利。当时的局面是，家乡附近有着更严重的危险，在这一背景下，老西庇阿加强罗马驻西班牙武装力量的策略是深谋远虑的，而且这个举措在以后结出了硕果。

汉尼拔·巴卡翻越阿尔卑斯山脉的路线一直备受争议，

---

[1] 老西庇阿。——译者注

在我看来，最准确的观点有可能是：他沿着罗讷河左岸一直行军到维埃纳，然后离开河岸，穿过上多菲尼的平原，在圣吉尼克斯再次遇到河流。从那里，他沿着上伊泽尔河谷行进，穿过小圣伯纳隘口，进入了奥斯塔山谷。

历史学家们用生动的语言描述了这段行程中的危险和困难。率领一支军队，连同所有的粮草、行李、马匹和战象，翻越阿尔卑斯山，确实是一项了不起的任务，尤其令人感到惊叹的是，我们考虑到他们翻越阿尔卑斯山的时间是在那一年年末，在到达顶峰的山口之前，已经是10月底了，那时的这个季节要比现在更冷。

仅是克服天然障碍，汉尼拔·巴卡就已经有很多事情要做了。但他还发现，山区部落对自己的军队充满敌意，憎恨这支强大的军队入侵了他们的领地，便认为这是一个绝佳的劫掠机会。从汉尼拔·巴卡的军队向上攀爬开始，他们就持续展开攻击，直到迦太基人快要登上最高点。行军的第一阶段是到达通往布尔热湖的山口，每前进一步都要经过艰苦的战斗——这条路又陡又窄，野蛮人从有利位置攻击汉尼拔·巴卡的军队，只是由于汉尼拔·巴卡有先见之明，占领了敌人夜间撤离路线上的高地，才避免了最严重的损失。当到达山口上方尽头处的平原时，这支纪律严明的军队就无所畏惧了，他们攻陷了山区部落的城镇要塞，又夺回被抢去的大部分物资，接下来的三天行军没有遇到任何阻力。山区部落看到自己的军队失败了，就开始尝试运用诡诈的手段，他们的酋长们来到营地，交出人质，运来物资，并承诺按照最佳和最短的路线引导军队行进。

汉尼拔·巴卡并不完全信任他们，他预先采取措施，防备他们的突然袭击，但他任凭向导将其带到一个危险地带——原本有一条更安全的路，但距离也更远。在行军的最关键时刻，敌人发起了进攻，他们滚下巨石，或是让投石手从悬崖上扔下大量石头。迦太基军队蒙受了巨大损失，但还是挺过来了，虽然战象很难通过那些又窄又滑的路段，但它们也帮了大忙。经此一战，山区部落被吓坏了，无论在哪里，都不敢再冒险接近迦太基军队。

汉尼拔·巴卡率军翻越阿尔卑斯山脉

关于汉尼拔·巴卡是如何用火和醋裂开那些他的士兵们既无法搬动也无法爬越的岩石，有个故事是如此闻名遐迩，以至于不能省略，尽管很难想象醋如何出现在那里。汉尼拔·巴卡就算再有远见，能否想到要储备这种物资呢？不过，为了不做进一步的批判，我引用李维的话："他们不得不把石头切开，先是砍伐附近的大树，将木头堆起来。一旦有了足够大的风来吹动火焰,他们就把木头架在那些石头下面点燃,一边加热,一边把醋倒在石头上,就把它们烧熔了,然后用铁器把燃烧的石头凿开。"

按照李维的说法,这一事件发生在下山的过程中。当然,到那时,任务事实上已经完成。据说,军队花了九天时间才到达山顶,汉尼拔·巴卡允许士兵们在山顶休息两天。当他们继续行进时,一场大雪几乎使他们绝望,但汉尼拔·巴卡告诉他们要保持勇气,他要让他们看到辛苦付出的结果。的确,再往前走一点,他们就能到达一个可以俯瞰意大利富饶平原的地方。他对士兵们喊道:"你们正在攀登的,不仅是意大利的城墙,而且就是罗马的城墙。剩下的将是平稳的下山之路,一场或至多两场战役之后,他们的首都就掌握在我们手中了。"

六天的时间足够用来下山了,自汉尼拔·巴卡从新迦太基出发,已经有四个多月,一路上他损失惨重。进入意大利平原时,他的军队不超过20000名步兵(其中有五分之三是非洲人,其余是西班牙人)和6000名骑兵——他在路上损失了33000人,其中大多数死于疾病和寒冷。如果只统计正规军的话,这些就是他用来征服意大利的全部力量。这些关于剩余兵力的权威数字,是一个曾被关押在迦太基军营里的罗马人提供的,他是从汉尼拔·巴卡这位伟大统帅本人嘴里听到的。

第 18 章
在意大利的第一场战役

汉尼拔·巴卡让军队休息了几天，他们非常需要休整，因为据记载，长途跋涉的辛劳和痛苦使得他们呈现出一种"几乎不像人类"的样貌。然后他部署了第一次出击，如果成功了，他就能让意大利半岛的民众站在他这一边，共同对抗罗马。无论如何，他们必须加入他的阵营。因此，当一个高卢人部落陶里尼拒绝了他的结盟提议时——它与另一个和汉尼拔·巴卡关系友好的部落发生了争执——他就袭击并猛攻他们的要塞。①此后，几乎所有的山南高卢部落都加入了汉尼拔·巴卡的阵营，为汉尼拔·巴卡提供给养和一些优秀的新兵。

与此同时，老西庇阿率领军队在比萨登陆，越过亚平宁山脉，在皮亚琴察渡过波河，向入侵者挺进。汉尼拔·巴卡没想到这么快就能与对手相遇，老西庇阿也从来不相信迦太基军

---

① 这个城镇很可能就是后来被称作奥古斯塔·托里诺、现在称作都灵的地方。

队能够翻越阿尔卑斯山,双方都做好了战斗准备。汉尼拔·巴卡在备战活动中,向军队展示了一场精彩的表演,让一些被俘的山地人,两人一组,互相对抗厮杀,获胜者将拥有自由以及一套武器装备。此举高明之处在于:无论如何,失败者也会通过死亡从枷锁中解脱出来。

所有囚犯都热切地接受了这个提议,并以最大的勇气相互角斗,而那些没有被选中的人则羡慕地围观着。汉尼拔·巴卡想通过这次表演,向他的手下表明:"这正是你们的处境,你也要作出同样的选择——要么是自由与丰厚的奖赏,要么是死亡。看看这些野蛮人是多么高兴地接受了这种选择,难道你们不也应该像他们那样快乐和勇敢吗?"

老西庇阿为了越过提契诺河,专门建造了一座桥,此时,两支军队都在波河北岸,迦太基人向东行进,河流在他们的右边,罗马人则向西迎击。在第二天的行军结束时,双方都就地扎营,到第三天早上,双方骑兵又向前挺进,汉尼拔·巴卡和老西庇阿亲自指挥。罗马人把轻装部队和高卢骑兵排在最前面,其余的骑兵放在第二排。汉尼拔·巴卡巧妙地将重装骑兵排列严整,布置在中央,将轻便、活跃、间距稍大的非洲骑兵布置在军阵两翼。罗马轻装部队射出一根标枪后,就立刻从身后骑兵中队的空隙中向后退。

双方的重骑兵进行了一场顽强的战斗,在某种程度上,罗马人占了上风,但成群的非洲人从侧面包抄罗马人的防线,首先袭击了他们的轻装部队,然后又从背后袭击重骑兵,使罗马军队全线溃败。正如我们将要看到的,这一天中最严重的灾难就是老西庇阿受了重伤。他的儿子，一个17岁的青年，靠着自己的勇敢救了他父亲的命，我们还会再听到关于这个青年的故事。后来，一群骑兵围在执政官周围，护送他离开了战场。

汉尼拔·巴卡等了一会儿，观察对手是否打算冒险进行一场全面交战，看到对方没有任何行动的征兆，就继续前进了。

汉尼拔·巴卡先是渡过了提契诺河，又渡过了波河，在那里俘虏了罗马人留下的600人。老西庇阿在皮亚琴察城墙下扎营，在向他叫阵无果后，汉尼拔·巴卡占领了九公里外的一块阵地。

近期取得的胜利带给汉尼拔·巴卡的第一个成果是，来自波河南岸的高卢人酋长们拥进了他的营地。不久，他就有了更有力的证据，以表明这群人的立场发生了变化——一支与罗马军队一起行动的高卢分遣队在夜里离开了营地，他们带着一些被他们屠杀的罗马人的头颅，转而来到汉尼拔·巴卡的军营里服役。老西庇阿对高卢人普遍的反叛行动感到非常震惊，他率领军队从营地撤离，向南迁移到特雷比亚河，在那里他可以找到一处稳固的阵地以及很多友好的邻近部落。汉尼拔·巴卡立即派非洲骑兵追击，如果他们不是停下来忙着掠夺和烧毁罗马人的废弃营地，可能会重创撤退的罗马军队。在非洲人追上罗马人之前，除了少数几个掉队的人，所有罗马军队都越过了特雷比亚河。老西庇阿在山丘上构筑了一块坚固的阵地，决定等待他的同僚塞普尼乌斯（Sempronius）赶来与他会合，此时塞普尼乌斯正在北上。汉尼拔·巴卡率领他的全部兵力跟在后面，在其北方大约八公里处安营扎寨。与此同时，他收获了一个最合心意的成果,那就是克拉斯迪姆的投降,这是一个靠近皮亚琴察的要塞,罗马人在那里储存了大量谷物。这个地方的指挥官是一位布林迪西人,他把这座要塞交给了汉尼拔·巴卡,据说,作为背叛罗马的报酬,他拿到了400枚金币。

不久,塞普尼乌斯就率军赶到了。当然,罗马军队的数量在这次增援后大大增加了,但结果却是灾难性的。老西庇阿是一位娴熟的将军,但塞普尼乌斯却有勇无谋,他是因为担任了当年的执政官,就意外地被派来指挥军队。不幸的是,老西庇阿因为在提契诺河受的伤而残废了。他的这位同僚不相信罗马人一定能赢得一场激战,但如果他想得到这个荣誉,就必须立即发动一场战役。冬天快要到了,在下一次竞选开始之前,他就要下台了。

如果说他对取胜还有任何怀疑的话,双方骑兵之间爆发的一次小规模冲突,就使他心中的疑虑烟消云散了。汉尼拔·巴卡派一些非洲人和高卢人骑兵,去掠夺与罗马达成协议的一个部落。当他们带着战利品返回时,一支罗马骑兵中队向他们扑来,他们被赶回了营地,并且损失惨重。

塞普尼乌斯决心开战,老西庇阿阻止不了他。汉尼拔·巴卡此时同样渴望一场战斗,这也符合他的利益。没过多久,战斗就开始了,塞普尼乌斯手下有40000人,而汉尼拔·巴卡的军队得到高卢人的增援,两军实力大体相当。

汉尼拔·巴卡首先想到的是,在河边的灌木丛里埋伏精心挑选的2000人,他的弟弟马戈挑选了100名步兵和同样多的骑兵,他们每个人又选择了九名同伴。我们会看到,这支部队将在战斗中发挥重要作用。第二天一大早,汉尼拔·巴卡派非洲骑兵渡河,命令他们向罗马人的营地发起小规模袭击,挑起战端。塞普尼乌斯急不可耐地上钩,他先后派出骑兵、轻装步兵、重装步兵军团,在士兵们还没来得及携带任何食物之前,就把他们都赶出了军营。现在已经是冬天了,雪下得很大,降水量增加使特雷比亚河水涨得很高,没过了他们的胸口。士兵们挣扎着渡河,又冷又饿。反观迦太基人,他们照常吃着饭菜,在火炉前取暖。汉尼拔·巴卡有着充足的时间,军队也得到了充分的休息,他集结军队,20000名非洲人、西班牙人和高卢人步兵构成军阵的核心;10000名骑兵被部署在两翼,战象在他们前面;轻装部队事先被派去支援非洲骑兵了。

  罗马人的战斗队形也是这样的。现在,就像在提契诺河一样,罗马骑兵的弱点是致命的,这支力量无论在数量上还是在质量上都不如迦太基。迦太基两翼骑兵冲锋,几乎毫不费力地击溃了对手。构成罗马军阵中心的庞大步兵军团就这样暴露了侧翼,完全处于迦太基骑兵和轻装部队的猛烈攻击之下。尽管如此,他们还是以罗马人的勇气和坚韧,顽强地坚持了很长一段时间。但是,一切都对他们不利,当马戈的伏击队从一直藏身的河道中跳出来,从后方猛烈扑向罗马人时,一切全完了。如果还有什么东西促成了罗马军队的溃败,那就是战象——一种奇怪又可怕的生物,罗马人或是他们的盟友在之前很少见到过这种东西。

特雷比亚河战役

　　罗马军队的后翼遭受了最严重的损失，事实上，它几乎被摧毁了。前线部队从高卢人和非洲步兵组成的战线中杀出一条血路，向皮亚琴察进发，大约有 10000 人。后来，一些掉队的人也加入了他们，其他人则逃回到营地，因为迦太基人没有到河对岸追击。罗马人损失了近一半兵力，有的被杀，有的被俘，还有的失踪了。迦太基人也并非毫发无伤，但战死的主要是高卢人，他们是汉尼拔·巴卡最容易舍弃的。他最优秀的步兵——西班牙人和非洲人，除了挨冻之外，几乎没有受到什么伤害——当然，后者尤其感觉到非常寒冷。对所有战象来说，寒冷也是致命的，它们只剩下了一头。

第19章
特拉西美诺湖战役

汉尼拔·巴卡与利古里亚的高卢人一起度过了冬天，作为与罗马旗鼓相当的对手，这些高卢人欢迎他的到来。但据记载，高卢人发现自己不得不支援汉尼拔·巴卡的军队时，就厌倦了他。这种态度的转变甚至让汉尼拔·巴卡面临被暗杀的危险，他不得不经常更换衣服、戴上假发来保护自己。

冬天刚过，汉尼拔·巴卡就踏上了战场，率领军队穿过亚诺河的沼泽，进入伊特鲁里亚的心脏地带。这是他选择的最短的线路，沿着这条路能避开监视他的罗马军队。但这也让他和他的战士付出了高昂的代价——到处都是水，没有一处干燥的地面可以用来休息。他们所能做的就是把行李堆在水里，然后躺在上面歇息，甚至躺在死马堆上。没有食物，没有睡眠，疲惫不堪，很多人在行军途中死去。汉尼拔·巴卡骑着仅剩的一头战象，可以尽可能地远离水面，但却患上了眼疾，一只眼睛失明。当他们到达高地时，他让部队休息了一会儿，接着便大胆地向罗马进军了。在前进的过程中，他们以最残酷的方式摧毁了意大利最富有的地区之一。

罗马的一位执政官弗拉米纽斯（Flaminius）率领约30000人驻扎在亚雷提恩，另一支部队则驻扎在东海岸的阿里米努姆，人数差不多。汉尼拔·巴卡冒险包抄到罗马军队的背后，并作直扑罗马之势。弗拉米纽斯不能眼看着罗马的盟国毁灭于战火与刀剑，也无法坐视罗马自身遭到攻击，于是他拆除了自己的营地，尾随迦太基人。而这正是汉尼拔·巴卡想要的结果，他设下伏兵，等待追赶他的人。

汉尼拔·巴卡沿着从科尔托纳到佩鲁西亚的道路行进，经过特拉西美诺湖北岸，在湖泊的西北角附近，两侧的山向中间聚拢；在东北角，北面的山丘与南面的湖泊共同形成一条更窄的通道，在这两处犄角之间是一片平原，形状有点像一张弓，如果我们假设湖水的边缘是弦，那么弯向后面的山丘就是弓臂了。汉尼拔·巴卡率军队驻扎在隘口东端，他自己也留在这里。在隘口的尽头，有若干隆起的高地，那里隐藏士兵很容易，他把高卢骑兵安排在高地的后面，其余的军队则都被部署在环绕北面平原的山坡上。

弗拉米纽斯在日落时分到达了湖的西端，并在那里扎营过夜。第二天早晨，天色还很昏暗，他就开拔了，连侦察行军路线的打算都没有。当他的军队穿过峡谷进入远处的平原时，汉尼拔·巴卡发出了进攻的信号，努米底亚骑兵和高卢步兵从山上冲下来，占领了西边的出口。

从湖中升起的雾也包裹着人影，大雾厚厚地笼罩在平地上，阳光照在山坡上，迦太基人准备从那里向下发起进攻。这些罗马人还没来得及按战斗序列排好队形，还没来得及拔剑，敌人就向他们扑来。

弗拉米纽斯尽了最大的努力，但他能做的很少，即便他已经掌握了作为一名将军应有的技艺，也没有发挥的余地。这是一场士兵之间的战斗，每个人都必须为自己而战，但罗马士兵大都是新招募的农夫和园丁，根本无法与迦太基的老兵匹敌，处于非常不利的境地，只能坚守战线，拼命防御。

战斗进行了三个小时，战况如此激烈，以至于没有一个人察觉到地震的发生——当天那一场大地震摧毁了不止一座意大利城市。随后弗拉米纽斯倒下了，他在战场上奋勇杀敌，精美的武器十分显眼，汉尼拔·巴卡麾下的一名骑兵——一个伊苏布里部落的高卢人——认出了他（八年前，弗拉米纽斯征服了伊苏布里人），向他发起猛烈的攻击。那人对着他的战友喊道："大家快看！就是他屠杀了我们的军团，毁坏了我们的田地，我要把他献祭给同胞的冤魂。"

弗拉米纽斯的侍从挡在路上，但被击倒了，杜卡乌斯（Ducarius，这是那个骑兵的名字）用长矛刺穿了这位执政官的身体。于是，罗马人停止了抵抗，就像哈罗德（Harold）被杀后英国人在森拉克停止了抵抗一样。一些人试图从山上逃跑，另一些人涉水到离岸边有一段距离的浅湖里。身披重甲的人不可能指望游泳逃走，但还是有些人不顾一切地尝试了一下，这些人要么淹死在深水中，要么挣扎着回到浅滩，被赶到水里的迦太基骑兵成群地屠杀。

大约6000人的罗马先锋队从隘口东端冲破迦太基人的封堵，在远处的高地上停了下来，目睹着战斗的结果。随着太阳高升，薄雾慢慢散去，他们看到伙伴们的尸体，从山上铺到平原。

先锋队卷起他们的旗帜，匆匆而去。但由于没有给养，又不知道该去哪里，他们在战斗结束的第二天便向汉尼拔·巴卡投降。不过还是有一些人逃离了战场，想尽办法回到了罗马。

这场战斗，罗马人有将近15000人在战场上或是在逃亡途中丧生。迦太基人损失了2500人，这证明至少在一段时间里罗马人没有白白丢掉自己的性命。弗拉米纽斯的尸体一直没有被找到，尽管汉尼拔·巴卡想要给这位勇敢的对手一个体面的葬礼，还为此下令仔细搜寻。

几天后，汉尼拔·巴卡又取得了一次胜利。马哈巴尔（Marharbal）突然袭击了塞维利乌斯（Servilius）派来增援的骑兵，杀死了他们一半的人，俘虏了另一半人。然后，汉尼拔·巴卡向南开进，但并没有像人们预期的那样进军罗马，即便此时的罗马已经没有军队。他似乎对于围攻这样一座城市有顾虑，事实上，当他试图夺取翁布里亚的一处殖民地，或者说军事据点斯波列提乌姆时，被守军击退，而且损失惨重。于是，他继续向东南方向挺进，一路上蹂躏乡野，收获了大量战利品，直到行进到东部海岸附近一个名叫哈德里亚的城镇。

汉尼拔·巴卡在那里休整了几天，此时不管是人员还是马匹，都在辛劳和困乏中筋疲力尽了。据记载，那些长满溃疡的马被浸泡在陈酒中，伤口得以治愈。也是在这个地方，他派人向迦太基报告已经完成的事情，这是渡过埃布罗河后，他向国内寄出的第一封信。士兵们常说，一位将军做的最危险的事情，就是切断自己与基地的联系，就像有时说的那样，把自己抛掷到空中，身后没有留下任何足以依靠的东西。汉尼拔·巴卡如此大胆地做了这件事，以至于他都没有让信使带一封信回去。现在他在海边，信件可以来去畅通了。据说，在这个时候，他还用罗马式样的武器装备了一些非洲步兵。从哈德里亚开始，他继续南下，所到之处，惨遭荼毒，一直到阿普利亚。但他始终对外声称，他是在与罗马而不是与罗马的意大利臣民作战。任何罗马公民或是罗马公民的孩子，只要达到携带武器的年龄，他就会下令将其杀死。[①]但对落入他手中的意大利人，他不仅会放过，还会以极其仁慈的方式对待。

[①] 罗马人的说法也是如此，但罗马俘虏的存在足以证明这种说法是假的。

第 20 章
费边及其战术

在经历了最初的悲伤与恐惧之后，罗马所做的一切都是为了使战争轰轰烈烈地进行下去。没有人谈及投降，甚至没有人提出议和，国家所有军队的最高指挥权都交给了一位老将，他的名字叫昆图斯·费边·马克西姆斯（Quintus Fabius Maximus），曾在将近 20 年前赢得过胜利的荣誉。

费边做的第一件事就是查阅女祭祀留下的那些书籍[1]，人们发现这些书中记载了各种崇拜神灵的活动，如祈祷和祭祀所用的祭品、建造寺庙和庆祝公共节日，这些事项要么被立即完成，要么被承诺在未来的某个时间完成。独裁官（这是他的头衔）下令征召两个新军团，以及一支保卫城市、管理舰队的军队。同时，他还下令摧毁汉尼拔·巴卡行进路线上的所有物

---

[1] 据说是一位女祭司写的预言书，被售卖给罗马第五任国王老塔克文（Tarquinius Priscus），后来存放在首都的朱庇特神庙里，以备在国家有重大需要时查阅，见《罗马纪事》第 59 页。

件，迦太基人将会发现，他们所到之处，尽是焦土。

费边向北进军，在翁布里亚的奥克库鲁姆，他遇到了正前往罗马的塞维利乌斯，并接管了他的军团。他派塞维利乌斯到奥斯蒂亚去指挥准备保卫意大利海域的舰队，他本人率领一支大约 50000 人的军队，打算追击敌人。

汉尼拔·巴卡此时在阿普利亚没有找到同盟者，于是向西进军萨莫奈。100 年前，萨莫奈曾是罗马最凶猛的敌人，但这一次，汉尼拔·巴卡未能在罗马与其之间挑起冲突，他只好继续前进，来到了意大利最富有的地方——后世以出产葡萄酒闻名世界的大费勒尼平原。

费边仍然跟着汉尼拔·巴卡，注视着他的一举一动，一点一点收拾掉他掉队的人马，想尽一切办法骚扰，但总是拒绝正面交战。他把自己的军队驻扎在山上，当看到汉尼拔·巴卡在山下的大费勒尼平原行进时，确信自己将汉尼拔·巴卡带入了圈套——在北部，进入拉丁姆的通道以及通往罗马的道路都被封锁了；西面是大海；南面是沃勒图尔努斯河的湍流；在东边的山上，罗马军队控制着山口，可以阻止他逃跑。但接下来发生的事情，让汉尼拔·巴卡表现出他是一位多么高明的战术家，他不仅逃了出来，还把搜罗到的战利品都带走了。他的计划是这样的——从之前劫掠的大量牲畜中，挑选了约 2000 头牛，在它们的犄角上牢牢地绑上一捆捆干树枝。有一天，当黄昏来临时，他率领军队悄悄离开营地，向东边的山丘开进，把牛赶在先锋部队的前面。当军队到达山脚时，天已经黑了，汉尼拔·巴卡命令士兵们点燃牛角上的干柴捆，驱赶牛群冲上

第四编 迦太基与罗马

山坡。这些动物早就被恐惧和疼痛逼疯——火光就在它们周围闪烁,火烧到了它们犄角根部的肉——不顾一切地向前疯狂冲去。负责守卫山口的4000名罗马士兵被眼前的景象惊呆,他们不明白到底发生了什么,但确信这意味着危险,或许当时还幻想自己被包围了——除了最优秀、最勇敢的部队之外,无论是谁都会对这种局面感到害怕。他们擅离职守,向高处退去。费边在他的营地里看到这些奇怪的场景,同样感到困惑,直到天亮,他才敢冒险出击。[①] 但此时,汉尼拔·巴卡已经带着所有的战利品,率领军队悄悄通过了山口,在山另一边的阿里法安营扎寨。费边尾随其后,汉尼拔·巴卡便继续向北穿过萨莫奈,一直来到佩里格尼,他一路上大肆破坏。但费边仍旧跟随,将他的军队挡在汉尼拔·巴卡和罗马之间。

汉尼拔·巴卡逃出包围圈的事情产生了双重影响,他不仅带着大部分战利品摆脱了困境,而且让费边很难再执行拖延策略。这一策略当然有很多反对者,盟友看到自己的国家遭到蹂躏,却无法痛击迦太基人,感到非常愤怒;富有的罗马人也在大声抱怨,他们的财产遭受损失。汉尼拔·巴卡的狡猾之处在于不冒犯费边的庄园,而把他所有邻居都洗劫一空,让这些人的愤怒达到顶点。这种情绪变化很快就变得明显起来,恰好此时费边不得不回罗马述职一段时间,他把军队交给骑兵长官

[①] 尼布尔(Niebuhr)说:"李维讲的这个故事,代表着从愚蠢视角描述的罗马人。真相是波里比阿所说的,在古代,没有什么比提着灯笼在夜间行军更常见的了,当罗马前哨看到在他们和敌人占领区域之间的灯光时,误以为迦太基人正在强行前进,于是迅速向他们认为的危险地区进军,封锁道路以对抗敌人。"(《讲演》第74页)

（这是独裁官的副手的头衔）米纽修斯（Minucius）指挥，并严令不得出战。但他刚走，米纽修斯就和汉尼拔·巴卡打了一仗，还取得了一点小小的胜利。当他获胜的消息传到罗马时，费边的反对者说服众人，将军队分成两部分，一半军队的指挥权交给独裁官，另一半交给了骑兵长官。

现在有两支罗马军队驻扎在相距约两公里的地方，汉尼拔·巴卡探明了这件事，他立即利用了这一局面——如果米纽修斯想让他的朋友们满意，就一定会找上门来。于是，汉尼拔·巴卡给了米纽修斯一个很有利的机会。他在自己和罗马人的营地之间占据了一些高地，驻军规模很小。罗马人急忙出兵想将其驱逐，但汉尼拔·巴卡事先埋伏了5000人，双方交战一段时间后，他们从后方突然袭击罗马人。如果不是一直观战的费边派出他的军队增援，改变了当天的战局，一场灾难又会发生。

不过，这场战斗毕竟没有造成什么大的损害，米纽修斯干脆地承认了错误，放弃了他的指挥权。这一年剩下的时间里，除了执政官塞维利乌斯在非洲海岸登陆，想要蹂躏迦太基本土，却遭到迦太基人的袭击，损失了1000人之外，没有再发生什么大的失利。

汉尼拔·巴卡在阿普利亚北部的格罗尼姆过冬，这是一个多山的国家，并且离海很近（实际上，阿普利亚的这一部分就像伸入亚得里亚海的一只手）。如今汉尼拔·巴卡的军队给养充足，并且与迦太基保持着联系，有新的兵员补充进来。不管怎样，到了第二年（公元前216年），他的力量比以前更壮大了。当他再次踏入战场时已是春末,他的首次行动是绕过在冬天里监视他的罗马军队,夺取敌人搜集到的大量物资。

这一次,汉尼拔·巴卡的策略仍然是引诱罗马人交战,成功夺取罗马人的物资有助于推进他的战略。罗马集结了一支强大的军队,却发现很难养活它,他们还担心,如果任由汉尼拔·巴卡在意大利来回蹂躏、随心所欲地掠夺,罗马就会失去自己的盟友。此时,主战派在选举中取得巨大成功,一个名叫泰伦斯·瓦罗(C. Terentius Varro)的平民大声宣告贵族们为了自己的目的而使战争久拖不决,随后获得了绝大多数选票,当选为执政官。

罗马下定决心要与汉尼拔·巴卡交战,但要等到新招募的军团加入军队才行。大约到了六月初,这一条件具备了,整支军队达到了90000人的规模。于是,他们开启了征讨汉尼拔·巴卡的旅程,此时这个迦太基的统帅正在阿普利亚海边聚拢之前收获的战利品。

罗马的两位执政官(瓦罗的同僚是一位贵族,名叫埃米利乌斯·保卢斯,Aemilius Paullus)隔天交替指挥。埃米利乌斯是一位经验丰富的将领,他对交战的结果心存疑虑,于是极力推迟交战。另一边,瓦罗自信又激情澎湃,在他指挥的第一天,就占领了位于汉尼拔·巴卡和大海之间的一块阵地,使局势剑拔弩张。

第21章
坎尼战役

这场大战虽然推迟了几天，但是，当汉尼拔·巴卡的骑兵切断了罗马人的水源供应，让罗马军队在意大利的盛夏没有水喝时，罗马士兵们的不耐烦再也无法抑制了。8月1日早晨，[①]当天的指挥官瓦罗在他的帐篷上升起了红旗，作为战斗的信号，然后命令军队渡过奥菲都斯河，在右岸建立防线。

汉尼拔·巴卡立即接受挑战，从两处地点涉水过河，在敌人对面排兵布阵。他的军队只有对方一半的人数，如果被打败，他的厄运就到来了。但汉尼拔·巴卡很自信。普鲁塔克给我们讲了一个故事，这是为数不多的，向我们展示汉尼拔·巴卡作为一个人而不是一位将军的故事。

根据普鲁塔克的说法，在战斗开始前的那个清晨，汉尼拔·巴卡在风暴中振作精神，当别人最严肃紧张的时候，他变

[①] 罗马人的历法比现行历法早六七个星期，此时实际上是在仲夏前后。

得开朗，甚至愉悦。他说："有一位名叫吉斯科的高级军官对他说：'敌人这么多，我甚是惊奇。'汉尼拔·巴卡微笑着说：'是的，吉斯科，但还有更奇妙的东西。''那是什么？'吉斯科问，他说：'虽然有这么多敌人，但他们中间没有一个叫吉斯科的。'这个回答是那么的出乎意料，以至于大家都笑了起来。"迦太基战士们看到他们的统帅这种自信的情绪，自己也受到了极大的鼓舞。

奥菲都斯河，先是向南弯曲，在向东流动一小段距离后，转而向北，形成一个环形结构。汉尼拔·巴卡的军队占领了这块环形区域，左翼是由西班牙人和高卢人组成的8000名重骑兵，由哈斯德鲁巴（千万不要把他和汉尼拔·巴卡的同名弟弟混淆了）指挥，河流在他们左右两侧，后面是一半的非洲步兵。

"人们可能会认为他们是罗马军队，"李维说，"因为汉尼拔·巴卡用特雷比亚河战役与特拉西美诺湖战役缴获的战利品武装了他们。"紧随其后的是西班牙步兵和高卢步兵，他们的大队交替排列，但要稍微靠前，以便与重骑兵大致位于同一条线上。这支部队由汉尼拔·巴卡本人和他的弟弟马戈直接指挥，仍然各自装备着本土的武器。西班牙人穿着白色亚麻束腰外衣，亮得耀眼，布料的边缘镶着紫色的流苏，武器主要是他们惯用的剑，比较短，尺寸上也合适，便于刺杀而不是砍杀。不过，这种剑还是可以用来砍击的，因为它有侧刃。高卢人臀部以上都赤裸着，他们用的是没有尖端的长剑。西班牙人和高卢人都手持长方形盾牌，在罗马人和意大利人看来，他们简直就是巨人，因为他们自己的身高很少有超过对手平均身高的。在更靠右的地方，是另外一半非洲步兵，他们稍稍向后退，以便与左翼的同胞站在同一水平线上。在整支军队的最右方，是马戈指挥的非洲轻骑兵，用军事术语来说，这支部队"没有后援"，也就是说，没有任何力量支援右翼。他们只有2000人，自从进入意大利以来，这些非洲轻骑兵经历了几次最艰苦的战斗，但他们对胜利充满信心。全军有50000人，其中有10000人被派去看守营地。敌军的右翼由罗马骑兵组成，他们在迦太基重骑兵面前列队。紧随其后的是罗马军团的步兵，有70000多人，他们没有排成直线，实际上排成了密集的柱状纵队，以至于与对手小得多的部队规模不相匹配。左翼部署着盟军的骑兵，瓦罗就在这里指挥，保卢斯位于军队右翼。除去被派去守卫营地的分队，整支部队的人数约为80000。罗马军团面朝南方，这对他们来说是个很大的不利因素，倒不是因为阳光过于刺眼，时间还早，而是因为被当地人称作"乌尔图努斯"的热风卷起滚滚尘雾，使他们几乎看不清前面是什么。

战斗像往常一样开始了，先是轻装步兵的袭扰，在这方面，迦太基人占优势，来自巴利阿里群岛①的投石兵比任何一支罗马轻装部队都更加专业、高效，他们往罗马军团中投掷了大量石头，造成严重的伤亡，甚至执政官保卢斯也受了重伤。随后，迦太基的重装骑兵向对面的罗马骑兵发起冲锋，这些罗

---

① 包括马略卡岛、梅诺卡岛和伊维萨岛，读者一定不要被希腊文"βάλλω"（ballo）这个似是而非的词源迷惑，其意为投掷或击打。这个群岛的名称似乎来源于"Baal"这个词的某种形式。

马战士是他们民族中最勇敢、最优秀的人，但他们在人数、人员与马匹的重量以及装备上都处于劣势。他们不穿铁甲，盾牌不够坚硬，长矛也容易折断，在骑兵战术上没有什么特殊的技能，即便有也没有机会展示，因为战场根本就没有纵横驰骋的空间——这是一场激烈的肉搏战，许多西班牙人和高卢人跳到地上，把他们的对手从马背上拖下来厮打。

在罗马军团与高卢人、西班牙人步兵交锋的战场中心，汉尼拔·巴卡的战术进展一度不顺利，他的军队推进得太远，越过了防线。在罗马纵队的猛烈进攻下，迦太基军队乱糟糟地挤成一团，只好暂时撤退。但就在罗马人即将取胜的时刻，他们发现自己的两翼和后方遭到了攻击，而从左右两翼冲向他们的，是迄今为止还没有参加战斗的两支非洲步兵。与此同时，哈斯德鲁巴也率领他的重骑兵杀了过来，在击溃右翼的罗马骑兵后，他又向左翼的盟军骑兵发起冲锋。这些盟军骑兵已经被500名非洲步兵的突然袭击弄得晕头转向，正准备诈降，在这关键时刻哈斯德鲁巴突然出现，重创了他们，并限制其进一步行动。然后，哈斯德鲁巴·巴卡又从后方冲向罗马步兵，留下非洲人追杀残兵。

罗马军队现在四面楚歌，被团团围住。他们前面的高卢人和西班牙人已经集结起来，阻止他们前进。面对这支无助的溃乱之师，迦太基军队挥舞着刀剑，直到他们对杀戮感到极为厌倦为止。当夜幕降临时，没有人能说清楚到底有多少人命丧沙场。波里比阿给出的数字是70000人，他很可能比李维更权威，李维把数字减少到50000人。在这些战死的人当中，有一位现任执政官、一位前执政官塞维利乌斯、21名军事保民官（军衔相当于上校的军官）以及80名元老院议员。瓦罗带着70名骑兵逃离了战场，汉尼拔·巴卡的损失却还不到6000人。

汉尼拔·巴卡消灭了敌人的军队，即便是留下来看守营地的军队也投降了，整个战场上没有其他罗马军队。他的大多数军官围过来祝贺他时，都建议他让自己和军队休息一下。骑兵总司令马哈巴尔却不这么认为，他说："你知道今天的胜利意味着什么吗？依我看，它意味着四天后，你就会在罗马城享用晚餐。让我率领我的骑兵作前锋，务必以迅雷不及掩耳之势，出现在他们眼前。"汉尼拔·巴卡没有那么乐观，他赞扬了马哈巴尔的激情，但表示必须花时间仔细考虑这么重大的事情。这时，马哈巴尔突然说："我知道众神不会把他们所有的馈赠都交给一个人，汉尼拔·巴卡，你知道获取胜利的诀窍，却没有掌握运用它的能力。"

关于汉尼拔·巴卡的审慎策略与马哈巴尔的大胆设想究竟孰对孰错，我们永远无法得出定论。但是，人们倾向于相信，这样一位熟谙战争艺术的统帅，不会是一位缺乏胆量的将军（还有什么军事行动，能够比他这样进军意大利更为大胆的呢），汉尼拔·巴卡会比任何人都知道什么能做、什么不能做。除非盟友们抛弃了罗马，否则他无法指望获得成功，他必须等待、观察他期待的事情是否会发生，我们完全可以相信，在对这一点没有足够把握之前，他是不会冒险提前行动的。对他来说，一次失败就是致命的，止步于罗马城墙前，几乎同样是致命的。但是，无论真实情况如何，可以肯定的是，如果这真是一次机会的话，一旦错失，就再也不会回到他的手中。他确实接近了罗马，但那只是一次佯攻，而不是真正意义上的进攻。公元前216年仲夏，迦太基的命运达到了前所未有的巅峰，只有在那时，她才有可能成为世界的主宰。

第 22 章
坎尼战役之后

坎尼战役的胜利催生了重大成果，尽管这并没有让汉尼拔·巴卡觉得自己拥有足够的力量来进攻罗马。在这些成果中，第一个，也是最重要的一个就是，与意大利第二大城市卡普亚的结盟。在这件事上，卡普亚人的意见并不一致，民众支持迦太基，大部分贵族都倾向于罗马。在支持罗马的派系中起带头作用的是一位贵族，他迎娶了罗马大家族克劳狄家族的一位小姐。民众反抗元老院，剥夺了元老院的权力，屠杀了一些旅居在卡普亚的罗马公民，并派遣使者邀请汉尼拔·巴卡到他们的城市来。

汉尼拔·巴卡当然很高兴，卡普亚有 30000 多名士兵，这件事的意义几乎和坎尼战役的胜利一样重大。但进城的那天晚上，他差点被暗杀——一位表演者的儿子决定在餐桌上刺杀他。第二天，汉尼拔·巴卡出席了元老院会议，他满口许诺，说他决定从此将卡普亚作为意大利的首都。与此同时，他要求元老院把一位在亲罗马阵营中特别活跃的公民领袖交给他,于是这个人遭到逮捕,随后被押往迦太基。

意大利中部和南部的大部分地区都效仿卡普亚。所有的萨莫奈人中,只有一个部落没有叛离罗马。卢卡尼亚和布鲁迪同样如此,南方的许多希腊城市也是这样,其中最主要的是克罗托纳。它们的鼎盛时期已经过去,但仍然是人口众多、实力强大的城镇。

罗马凭借非凡的坚韧和勇毅坚持下来。元老院从未丧失勇气,在第一波恐慌结束后,民众准备支持他们的统治者到最后一刻。当几乎以鲁莽和愚蠢毁了这个国家的瓦罗回到罗马时,元老们出门迎接他,并公开感谢他"没有对共和国绝望"。因为在政治上属于敌对派系,这种政治表态是在向所有罗马人宣示,无论他们的思维方式如何,此刻都必须团结起来,充分利用一切资源,使其发挥最佳效力。为了召集一支军队,那些应征者以往的所作所为都不在考虑范围之内,通过许诺赦免过去的罪行,一群群盗匪被引入军中,甚至奴隶也被招募进来。

罗马以这种方式招募了8000名士兵。但当汉尼拔·巴卡提议罗马可以赎回俘虏时,他们却拒绝了。经过不懈努力,罗马终于召集起一支军队,由马塞勒斯(Marcellus)指挥,他可能是当时罗马所能拥有的最好的将领了。

汉尼拔·巴卡将他的弟弟马戈从坎尼战场上派往迦太基。进入元老院后,马戈绘声绘色地讲述发生的一切:取得了4次胜利,杀死了20万人,俘虏了5万人。为了证明所讲的故事是真实的,他把一堆金戒指倒在元老院的地板上,说这都是从战死的罗马士兵手上取下来的。他解释道，只有骑士，实际上只有骑士阶级的上层才习惯佩戴这些戒指。不过，马戈此番演讲的真实意图是寻求援助，他说："结束战争的前景越接近，你们就越应该支持将军。他在离祖国很远的地方作战，军人需要报酬，军队的给养很难获取。虽然汉尼拔·巴卡赢得了伟大的胜利，但他的军队也并不是毫发无损的。因此，他请求在人力、金钱和物资方面获得援助。"

主战派很高兴，其中一人转向主和派领袖汉诺，问他："你还会为向罗马开战而忏悔吗？"汉诺回答说："是的，我仍然后悔，直到我看到和平再次实现，我都将忏悔。你那不可战胜的将军向你们提了那么多要求，就像他打了败仗一样。至于他的展望，有任何拉丁城市加入他的阵营吗？罗马的35个部落中，有哪一个投靠他了吗？"

对这些问题，马戈只能回答"没有"。汉诺又问："关于和平，罗马人有提一个字吗？"马戈也只能说没有。然后汉诺说："我们离战争结束还很远，就像汉尼拔·巴卡越境进入意大利时一样，我投反对票，我认为不应该给他任何援助，以延长一场不会有好结果的战争。"

当然，这种抗议是没有用的。元老院决定给予马戈4000名非洲士兵、40头战象，还有一笔钱。马戈将会进入西班牙，征召20000名士兵，以补充西班牙军队和意大利军队的减员。事实上，这几乎相当于什么也没做，在这场危机中，迦太基政府没有投入太多精力，汉尼拔·巴卡在绝大程度上只能靠自己。

第四编　迦太基与罗马

公元前216—前215年冬天，汉尼拔·巴卡率领军队在卡普亚过冬。自两年多以前从新迦太基出发，他的士兵们一直住在帐篷里，满足于营地里严格的纪律与贫乏的食物。毫无疑问，当再次走上战场时，他们已经失去了一些活力。但汉尼拔·巴卡的伟大计划之所以会以失败而告终，还有更重要的原因，而不仅是因为他的军队在卡普亚度过了一个冬天。

汉尼拔·巴卡取得了一点小成功，也遭受了一些小损失。他的主要冒险行动是围攻诺拉。在坎帕尼亚，诺拉是仅次于卡普亚的主要城市，这件事他失败了，主要是因为马塞勒斯的指挥艺术以及他自己的精力不济。一年过去了，没有取得显著进展，对汉尼拔·巴卡来说就是倒退。尽管如此，某些方面的状况还是有所改善的。在叙拉古，明智的老国王希伦死了，他一直忠于罗马，也没有与迦太基为敌。他的孙子、继承人耶罗尼米斯（Hieronymus）是一个愚蠢的年轻人，他认为加入看起来将会获胜的一方对自己更有利，于是向迦太基提供帮助，条件是获得对整个西西里的统治权。马其顿国王腓力（Philip）似乎也准备加入对抗罗马的联盟，但这样做并没有什么好处。关于耶罗尼米斯的事，我很快就要讲到。腓力的行动被耽搁了，首先是因为他的使团在从汉尼拔·巴卡的营地返回途中，意外地落入罗马人之手，后来是一些我们不太清楚的原因，不管怎样，在他的援助对汉尼拔·巴卡最有价值、对罗马最具破坏性的时候，他什么也没做。

另一方面，由于撒丁岛再次完全落入敌手，迦太基遭受了巨大损失。总的来说，在公元前215年末，虽然汉尼拔·巴卡在战场上没有受到沉重打击，但他的处境比这一年开始时要糟糕得多。

第二年（公元前214年）的结果也与此大致相同。汉尼拔·巴卡试图占领塔兰托，但失败了，正如其他地方一样，这座城里也有亲迦太基派和亲罗马派，后者获知了前者的计划，并预先采取了防御措施。当汉尼拔·巴卡来到城墙之下时，他发现这个城镇已经做好守城准备。这样，迦太基人在附近逗留了几天，徒劳无功，只好离开了。

在意大利南部的另一个地方，汉尼拔·巴卡损失惨重，他的副手汉诺组建了一支20000人的卢卡尼亚人军队，这支军队在贝内文托被罗马将军格拉古（Gracchus）指挥的一支奴隶军队打败，卢卡尼亚步兵要么死在战场上，要么四散逃跑，汉诺自己带着大约1000名非洲骑兵逃跑了。

战争中的另一件大事——具体日期无法确定——对汉尼拔·巴卡来说是一大收获。迦太基在塔兰托城里的内应，虽然一时受人压制，却从未放弃他们的计划。现在，他们遇到一个将其付诸实践的机会。罗马扣押着塔兰托的人质，这些人试图逃跑，结果被罗马抓获并处死了。这种残忍行径激起塔兰托人的愤怒，他们立刻向汉尼拔·巴卡通风报信。筹划这一事件的主谋并不是人们可能想到的那些民众领袖，而是贵族——很可能是那些不幸人质的亲属。汉尼拔·巴卡率领10000名精兵向塔兰托进军，在距离城镇几公里的地方停了下来。他在城里的盟友——一位来自李维家族的罗马人——完成了准备工作，将一部分人派去对付总督，自己则宴请一些市民，等到宴会结束后，他们过去拜访总督，与之嬉笑打趣，最终使这位总督放松了警觉。另一拨人通过墓葬区外面的一扇门把汉尼拔·巴卡带了进来——在希腊城市中，这种建筑布局可以说几乎是塔兰托独有的。汉尼拔·巴卡纵火作为信号，城里的内应们予以回应，后者扑向城门守卫，汉尼拔·巴卡在门外支援他们。第三拨人在另一座城门，几天来，他们一直拉帮结伙地出去打猎，到深夜才返回，形成了某种规律，每次回来时都与城门守卫谈论他们的狩猎活动，并送给守卫们一些猎物。这一次，他们带回一头特别好的野猪，经过城门时，守卫们围在城门通道里欣赏着这头野猪，此时30名非洲士兵偷偷靠近，突然冲了上来，把守卫砍倒，固定住大门，让一大群友军拥进城来。塔兰托城就这样被占领了，罗马驻军则迅速守住了要塞。塔兰托人没有受到伤害，只要塔兰托公民在自家门上写清楚"这是塔兰托人的房子"就可以了，但所有罗马人的住所都被掠夺一空。

第 23 章
形势逆转

从特雷比亚到坎尼，汉尼拔·巴卡成功的浪潮滚滚而来。坎尼战役之后的三年，可以说是他的运势的鼎盛时期。他的得失差不多相抵，当然，这也意味着他取胜的机会越来越小，因为对他的事业来说，即便没有失败，拖延日久也是致命的。

到公元前 212 年，形势明显出现了逆转。罗马人觉得自己有足够的力量围攻卡普亚了——他们的军队距离富饶的坎帕尼亚平原非常近，使得卡普亚人无法正常耕种，城市陷入粮食短缺的困境。汉尼拔·巴卡第一次向卡普亚提供食物的尝试失败，第二次成功了。但不久之后，这座城市就遭到了频繁的围攻，三支罗马军队围在它前面，用坚固的壁垒和壕沟，以及间隔着的要塞，在卡普亚周围划出一条完整的封锁线。城里的人们没有足够的力量进行有效突围，他们所能做的就是向汉尼拔·巴卡派出一个又一个信使，恳求他施以援手，如果他不希望眼睁睁地看着他们灭亡的话。公元前 211 年初，也就是在围攻持续了几个月之后,汉尼拔·巴卡下定决心要解救这座城市,他率领精锐部队从塔兰托迅速出发,要塞还在罗马军队手中。在俯瞰卡普亚的蒂法塔山上,汉尼拔·巴卡占领了一块阵地,并设法将他已经到来的消息告知了卡普亚人,事先约定在他进攻罗马围城部队的一处营地时,卡普亚人从城墙上发起突击。但卡普亚人的进攻被罗马军队轻易地击退了,汉尼拔·巴卡一度接近胜利,但还是以失败告终。他的战象——他带着33头战象——强行闯入罗马人的营地,对帐篷造成了巨大破坏,也引起了马群的踩踏。在一片混乱中,有人听到命令罗马人奋力向山上撤退的声音,说是营地已经失守,每个人都必须自救。他们以执政官的名义发布命令,用的是拉丁语,但其实是汉尼拔·巴卡的人,这是这位伟大将军惯用的花招之一,尽管很巧妙,但似乎没有多大效果。

于是,汉尼拔·巴卡使出了最后一招——进军罗马。罗马调动了如此庞大的军队围攻卡普亚,此时的罗马城几乎没有招架之力,他的一次突然袭击就有可能攻下罗马城。无论如何,为了保卫都城,罗马人很可能会撤回一部分围城的部队。汉尼拔·巴卡将他的计划告知卡普亚人,并勉励他们坚持下去。他穿越富饶的北坎帕尼亚葡萄酒产区,所到之处寸草不留。在弗雷盖莱,利里斯河上的桥梁倒塌了,耽误了大军一些时间。进入拉丁姆以后,他经过亚那尼亚城,到达了阿吉杜斯山。他试图夺取图斯库卢姆,但徒劳无功,随后继续向北进军,在距离罗马10公里的地方安营扎寨。与此同时,地方总督富尔维乌斯(Fulvius)率领15000人的军队从卡普亚赶来,他的军队穿过一个与罗马交好的国家,并在路过的城镇中获得了所需要的一切补给,因此他的实力强于迦太基军。

尽管如此,罗马城里的恐惧情绪依然泛滥,妇女们拥向神庙,披散着头发扑到神像面前,恳求他们的护佑。第二天,汉尼拔·巴卡继续向城墙逼近,他在阿尼奥河岸边扎营,那里有城外罗马大道上的第三块里程碑。随后,他带着2000名骑兵前去侦察这座城市南面的城墙。次日,他率领全军渡过阿尼奥河,向罗马人邀战。

但双方并未交战。李维讲了一个故事,述说了这段历史的来龙去脉,他说当天以及第二天,下了一场猛烈的暴风雨,两支军队都无法守住阵地,当他们返回营地时,天空却立即放晴了。汉尼拔·巴卡说:"我曾经想要占领这座城市,而现在我只想要获得财富。"据记载,他发现两件事,表明罗马人藐视他的存在,这让他感到非常沮丧。他听说,城里的士兵实际上被派去增援驻扎在西班牙的罗马军队,那是他曾经占据着的土地,这么轻易地就被他人夺走了。为了回击这种羞辱——据说他是这么认为的——汉尼拔·巴卡下令拍卖罗马市场周围的银行家店铺。

但拍卖活动没有成功,于是他返回到坎帕尼亚,并从那里又来到意大利的最南端。

在这种情况下,卡普亚除了投降别无它法,罗马对它的惩罚就不必细说了,贵族们被处死,其余人被卖为奴隶。大约20年后,罗马上演了一出戏剧,有一段调侃他们凄惨命运的残忍对话,剧中一个角色在谈到一些不适宜人类居住的地方时说道:"在那里,即便是叙利亚人——叙利亚人是最顽强的奴隶——也活不到六个月。"另一个人则说:"不,坎帕尼亚人现在已经能比叙利亚人承受更多的痛苦。"

第二年(公元前210年)在意大利(我将在后面谈到西西里和西班牙)没有发生什么不寻常的事情。罗马人从来没有在开阔的战场上打败过汉尼拔·巴卡,他们甚至不敢与他照面。但汉尼拔·巴卡可以畅通无阻地从意大利的一端行军到另一端,可以率领其大军列阵于罗马城下,却不能对已经投降于他的城市施以援手。这样一来,对任何人来说,加入他的阵营就没有什么吸引力。而对汉尼拔·巴卡来说,失去卡普亚不仅是一个现实上的巨大损失,而且他竭尽全力挽救的情况下,卡普亚还是陷落了,这对他的声誉而言是一个可怕的打击。随着战争的推进,这一问题越发凸显。

在西西里,事态发展对迦太基是不利的。耶罗尼米斯这个从睿智的老希伦手里继承了王位的愚蠢青年,在统治叙拉古13个月后,就被一个自称代表罗马利益的刺客杀死。随后一系列可怕的残忍行为发生了——像在其他地方一样,这里的平民派倾向于迦太基,贵族们则倾向于罗马,他们之间发生了激烈的斗争。最后,前者取得了胜利,叙拉古成为迦太基的盟友。于是,罗马派军队包围了它,由阿庇乌斯·克劳狄指挥陆军,马塞勒斯指挥舰队。

关于围城的叙述不在本书范围之内,阿基米德(Archimedes)的工程技术如何拖延了罗马人进攻节奏的故事很有意思,但这个故事在其他地方也找得到。迦太基为拯救新盟友所做的努力都是徒劳的，实际上，在希米尔科的领导下，迦太基集结起一支庞大的增援部队，战士们来自西西里的各个城市，他们因自身落入罗马人手中时遭受的残酷对待而倍感愤怒。但他们无法攻破罗马人的防线，希米尔科在城外扎营时，是想在罗马人攻城时封锁他们，但这时他的军中突然暴发了瘟疫。

瘟疫造成的破坏是如此可怕，以至于陆军被彻底摧毁。博米尔卡率领的舰队也没有比陆军好到哪里去，他甚至都没有尝试着解救这座城市，虽然舰队拥有 130 艘战船，但博米尔卡拒绝与罗马人交战，也没有试图进入叙拉古的港口，而是驶往了塔兰托。公元前 212 年，马塞勒斯占领了叙拉古。

然而，汉尼拔·巴卡不愿意放弃这座即将失守的岛屿，他派一个名叫穆特尼（Mutines）的人来指挥军队。穆特尼是利比亚腓尼基人或是混血的迦太基人，他把指挥部设在阿克拉加斯，进行了几个月的游击战。遗憾的是，汉尼拔·巴卡对他的任命引起岛上血统纯正的迦太基将领的极大不满，尤其是将军汉诺。

汉诺停了穆特尼的职，把指挥权交给了自己的儿子。在这样的挑衅下，穆特尼的忠诚发生了动摇，他的军队主要由努米底亚人组成，战士们也对穆特尼受到的羞辱很愤怒。于是穆特尼开始与罗马将军列维努斯（Laevinus）暗通款曲，由罗马派出一支部队前往阿克拉加斯，努米底亚人杀掉其中一座城门的守卫，打开城门，放罗马士兵进来。此时，汉诺恰好到这个地方来，可能是为了更换指挥官的事情，他看到这里乱哄哄的，以为不过是努米底亚人发起的骚乱,就走下去试图恢复秩序,随后他就遭到了围攻,好在及时认识到事情真相,逃了出去。

之后,列维努斯处决了阿克拉加斯的一些头面人物,把其余人卖为奴隶。这一下,站在迦太基一边的66个西西里城镇中,6个被武力攻占,20个背叛了迦太基,剩下的都投降了。

公元前210年底,西西里终于失守。而在西班牙,事态还没有恶化到如此地步,但也在朝着相同的方向发展。我们知道,汉尼拔·巴卡离开之后,他的弟弟哈斯德鲁巴·巴卡掌权。战争持续了好几年,在与格涅乌斯·西庇阿、普布利乌斯·西庇阿两兄弟的交锋中,哈斯德鲁巴·巴卡取得了不同程度的胜利。普布利乌斯前往意大利对付汉尼拔·巴卡时,格涅乌斯留在西班牙暂时执掌指挥权。如果李维的叙述可信,格涅乌斯也取得过相当大的胜利。然而,我们不得不指出,罗马的将军们一次又一次地取得伟大胜利,但大多被证明是徒劳的。遗憾的是,我们没有其他说法可以采信,只能把别人告诉我们的故事讲出来,并相信它们都是真实的。

公元前218年,格涅乌斯与汉诺交战。汉诺管辖着埃布罗河与比利牛斯山之间的地区,格涅乌斯打败并俘虏了汉诺,几乎全歼他的军队。在汉诺的营地里,士兵们发现了大量战利品,那是汉尼拔·巴卡要翻越阿尔卑斯山,因无法携带而留在这里的贵重物品。哈斯德鲁巴·巴卡赶来支援汉诺,但发现为时已晚,只好折返,渡过埃布罗河。第二年,在塔拉科过冬后,格涅乌斯在埃布罗河口击败了迦太基舰队。过了不久,他的哥哥普布利乌斯也来了,两位将军继续合作了好几年。他们第一步是向萨贡托进军，西班牙各部落交给迦太基政府的人质就被关押在这座城市的城堡里，西庇阿兄弟设法策反负责看管人质的军官，解救了他们。此举自然在整个西班牙大受欢迎，在接下来的一年里（公元前216年），据说他们在埃布罗河岸彻底击败了哈斯德鲁巴·巴卡，他只带着少数随从逃离了战场。公元前215年，西庇阿兄弟又解救了被哈斯德鲁巴·巴卡与另外两名迦太基将军围攻的伊里特吉斯，据记载，迦太基有60000人，罗马只有16000人，但战斗的结果是罗马人大获全胜。罗马军队杀死的敌人比他们自身的人数还要多，还俘虏了3000人、近1000匹马（李维很谨慎地没有夸大这个数字）、60杆旗以及7头战象。在向伊提比利斯继续进军的路上，西庇阿兄弟又打了一仗，杀死了13000人，还缴获了2240杆军旗与9头战象。这些辉煌胜利的结果是，几乎整个西班牙都倒向了罗马一方。于是，我们从历史记述中得知，正是因为这一切，迦太基才更有必要在接下来的一年里（公元前214年）赢得另外两场重大胜利。

然而，我们可以肯定的是，在这几年以及随后的两年里（公元前213年、前212年），胜利的天平在向罗马一边倾斜。当努米底亚国王西法克斯（Syphax）向迦太基宣战，哈斯德鲁巴·巴卡不得不被召回到非洲时，这种优势就变得更为明显了。西庇阿兄弟派使者去见西法克斯，承诺如果他继续坚持对抗迦太基，罗马将立即给予他援助，以后还会给他更多的好处。其中一位罗马使节留下来，在幕后协助西法克斯训练新近征召的士兵，而迦太基人找到敌视西法克斯的加拉（Gala）国王作为盟友,加拉国王有个儿子名叫马西尼萨(Masinissa),年仅17,却有着非凡的才能。他年纪虽小,却被派去指挥他父亲的军队以及协同作战的迦太基军队。他仅用一次战役就结束了战争,彻底击败了西法克斯,我们在后文中还会提到马西尼萨。

现在哈斯德鲁巴·巴卡可以回到西班牙了,他统率着大批援军,其中包括两名副将、另一位哈斯德鲁巴——吉斯科的儿子、汉尼拔·巴卡最小的弟弟马戈以及马西尼萨。此后,战争的走向发生了变化。为了完成对西班牙的征服,西庇阿兄弟付出了巨大努力,他们召集了一支20000人的本土部队,编入他们自己的军队。鉴于目前战场上有三支迦太基军队,西庇阿兄弟决定分兵作战。普布利乌斯率领三分之二的军队对付马戈和哈斯德鲁巴·吉斯科,格涅乌斯对付哈斯德鲁巴·巴卡。普布利乌斯听说,他的对手很可能会从当地盟友那里获得很大的帮助,于是决定立即发起进攻。在行进过程中,他遭到马西尼萨率领的非洲轻骑兵的袭击,正准备抵御他们的冲锋时,普布利乌斯发现迦太基人正从后方攻击他。当天,他自己也被杀死,他的军队很快就败逃了。然而,当追击者是轻巧的非洲骑兵与奔跑速度几乎一样快的步兵时,很少有人能够逃脱,不过,有驻军把守的营地仍然是安全的。

格涅乌斯也没有比他的哥哥活得更久,他在当地的盟友拿了敌人的贿赂,离开了他,如今他发现自己正直面三位迦太基将军的联合部队。他将军队集中在附近的一处高地上,那里无法展开防御,敌人很容易就能攀爬上去,缺乏做壁垒的木料，也没有可以用来挖壕沟的地形。唯一能做的就是用马、骡子的鞍座以及辎重勉强地堆成防御工事。这种防线几乎立刻就被攻破了，很多士兵逃到另一支军队的营地，但他们的将军战死了，格涅乌斯只比他的哥哥多活了29天。留下负责指挥营地守军的军官卢修斯·马尔西乌斯（Lucius Marcius）设法聚拢剩下的罗马军队，甚至还给敌人造成了一些损失。后来，罗马派克劳狄·尼禄（Claudius Nero）接管了他的指挥权，不过他似乎没有发挥什么作用。对此，李维讲了一个奇怪的故事，关于哈斯德鲁巴·巴卡怎么被包围，以及他如何承诺撤离西班牙、如何在谈判中通过讨论协议条款取悦罗马将军，同时又设法使他的军队摆脱危险境地，以至于当谈判破裂时，尼禄发现除了一处空荡荡的营地，迦太基人什么也没有留下。

西庇阿兄弟的死发生在公元前211年。第二年，普布利乌斯的儿子，就是我们之前提到的在提契诺河战役中救了他父亲性命的那个人，作为资深执政官来到了西班牙。在当时这是一个没有人愿意担任的职位，因为在罗马举行这一职务的选举时，连一个候选人都没有出现。最后，年轻的大西庇阿走到了前台，他还不到24岁，连担任最低职位的法定年龄都不到。但人们用掌声欢迎他，他崇高的声誉、俊朗的外貌与雍容的举止风度，都不言而喻地表明了他是怎样的一个人。当他承诺不仅要征服西班牙，还要征服迦太基时，在其他人看来，这不过是愚蠢的自夸，但人们却欢欣鼓舞地接受了他，并一致选中他担任这一职务。

他以一项伟大的成就开启了自己的征途——夺取迦太基行

省的首府新迦太基。在人们知道他已经抵达西班牙之前,他就利用一次夜间行军,直接登上了新迦太基的城墙。基于一位伟大将军的敏锐眼光,他发现了防御工事的薄弱之处,那是一处濒海之地。伟大的将军似乎总有一种离奇的好运,他利用一次很少见的低潮,率领士兵蹚过几乎还在膝盖以下的水面,找到了进城的路径。马戈是迦太基指挥官,他撤退到城堡里,却发现无法坚守,在几个小时之内就率领守军投降了。进入这个行省不到四天,大西庇阿就这样攻陷了迦太基行省的首府,证明自己足以胜任这一职位。

  在以夺取新迦太基为开端的那一年的剩余时间里,大西庇阿悄无声息,他正忙于准备以后的行动。他与西班牙的部落酋长们交上了朋友,在这件事情上,任何人都不能比他做得更好,因为没有谁能抵挡得了他从言谈举止中散发出的独特魅力。当第二年(公元前209年)他再次踏上战场时,大量本地人加入了他的阵营。在与哈斯德鲁巴·巴卡进行的一场大战中,他获得胜利,但鉴于他没能成功阻止哈斯德鲁巴·巴卡实施进军意大利、支援汉尼拔·巴卡的伟大计划(关于这个计划,我以后还会讲到),我们能推断出哈斯德鲁巴·巴卡的损失显然并不严重。公元前208年没有发生什么不寻常的事情,但公元前207年,大西庇阿在西皮亚决定性地击败了迦太基军队,几乎成为整个西班牙的主人,只剩下加德斯还在迦太基手中。大西庇阿没有忘记自己的承诺,他不仅要征服西班牙,还要征服迦太基。现在,第一个梦想已经接近实现了,这时,他又看到了实现第二个梦想的机会。他只带了几艘战船,来到非洲西法克斯国王的宫廷，目的是说服西法克斯抛弃迦太基，与罗马结盟。有意思的是，哈斯德鲁巴·吉斯科也带着类似的使命来到王宫。这两个对手在一起待了几天，据说他们相谈甚欢，表现得很友好。国王似乎对双方都作了承诺，他被大西庇阿迷住了，差点就同意与之结盟，但他更着迷于哈斯德鲁巴·吉斯科可爱的女儿索芙妮丝芭（Sophonisba），决定娶索芙妮丝芭为妻。

在这位王后的影响下，西法克斯一直忠于迦太基，当然这是以后的事了。

大西庇阿不在的时候，西班牙的战事进展得并不顺利。马戈还在加德斯，他鼓动一些西班牙部落反抗罗马，罗马不得不再次举兵平叛。当这一切结束后，大西庇阿自己也病倒了。在他生病期间，一部分罗马军队公开兵变，起因是他们的薪酬没有按时发放，而大西庇阿军纪严明，禁止士兵通过掠夺西班牙当地人以弥补军饷。当大西庇阿身体完全康复，得以亲自处理此事时，他设法将这些人官复原职。

如此，迦太基人在西班牙的事业彻底失败，汉尼拔·巴卡的弟弟马戈率领剩余军队进入利古里亚，加德斯向罗马人投降，这些事情发生在公元前205年。

第24章
获胜的最后时机

在意大利,汉尼拔·巴卡在战场上仍未被击败,尽管他取胜的希望越来越渺茫。公元前210年初,他在西阿普利亚的赫多尼亚取得了大捷,这场战役几乎可以与那些使他闻名遐迩的早期战役相提并论。前一年担任执政官的格涅乌斯·富尔维乌斯突然向这座城镇进军,在坎尼战役失败后,这里爆发了反抗罗马的起义。他知道那里守卫森严,之所以如此大胆,是因为他相信汉尼拔·巴卡此时正在意大利的最南部。实际上,汉尼拔·巴卡已经从他的密探那里知晓了一切,正以逸待劳。就像人们预料的那样,富尔维乌斯的军事才能被夸大了,他对军队部署不够熟悉,无法同时抵御来自多个方向的攻击,结果是遭遇了彻底的溃败,甚至连营地都被占领了,本人也在战斗中阵亡。有人估计罗马人的损失为11000人,也有人估计是7000人。这显然是一场大灾难,军队被打散了,只有零星的逃亡者跑到萨莫奈的马塞勒斯那里。元老院收到一份描述当时情况的急件，但它却是马塞勒斯而不是当时在赫多尼亚的指挥官送来的。

在接下来的一年里，几乎没有发生什么事情，尽管据说马塞勒斯与汉尼拔·巴卡在一场战斗中打成平局，当第二天他发现敌人已经撤退时，就宣称获得了一场胜利。第二年（公元前209年）对汉尼拔·巴卡来说是灾难性的一年，因为他失去了自己在意大利获得的第二大成果——塔兰托城。汉尼拔·巴卡派到那里的布鲁迪人守军指挥官背叛了迦太基，倒向了罗马人一边。如今已经80岁高龄的老将费边，此时已是第五次担任执政官了，他对自己能够凭借这一好运为他指挥的诸多战役做个收尾而感到十分欣喜。据说人们记下了这位老人在某个场合讲的一句俏皮话：利维乌斯（Livius）因为粗心大意失去了塔兰托后，就躲进了城堡。

罗马人一直控制着这座城堡，在某种程度上使收复这座城市变得更加容易。利维乌斯想要借此为自己赢得一些荣誉，他说："你可以感谢我，昆图斯·费边，感谢我帮你找回了塔兰托。"费边回答说："的确如此，因为如果不是你把它弄丢了的话，我连找回它的机会也没有。"

汉尼拔·巴卡听说罗马人在进攻塔兰托，急忙赶去救援，但到得太迟了，他先是在塔兰托附近安营扎寨，几天后就回到了设在梅塔蓬图姆的司令部。他试图设下陷阱等待费边，以为在塔兰托取得成功后，费边可能会对梅塔蓬图姆作出类似的尝试。有人以一些市民领袖的名义伪造了一封信，送给费边，说是要把梅塔蓬图姆交给他。据说这位罗马老人已经上当了，但在祭祀中出现的一些不祥征兆阻止了他的行动。尽管损失惨重,在接下来的战役中,汉尼拔·巴卡还是坚守住了自己的阵地。利维乌斯确实说过,马塞勒斯与汉尼拔·巴卡进行了三场战斗:第一场被打败了,第二场打平,第三场赢了。但因为后来有人抱怨说,在那一年的大部分时间里,马塞勒斯都让军队蜷缩在威尼西亚的城墙里,任由敌人随心所欲地掠夺这个国家,我们就很有理由怀疑马塞勒斯究竟是否真的赢得了任何一场胜利。此时,罗马已经显现出极大的疲惫迹象,在30个拉丁城市中,有12个拒绝提供任何后续补给,就连伊特鲁里亚人的忠诚也开始动摇。

公元前208年以马塞勒斯的去世为主要标志。这一年,马塞勒斯第六次当选执政官,与同僚克里斯皮努斯(Crispinus)一起征讨汉尼拔·巴卡。据说,除非与伟大的迦太基领袖汉尼拔·巴卡本人交战,否则他不会满足。两位执政官带着200名骑兵护卫离开了军营,其中有一些是伊特鲁里亚人,他们是出于彰显自己城市的忠诚而被迫服役的。一些非洲骑兵在两处营地之间的树林的掩护下,蹑手蹑脚地接近了这支罗马分队而未被察觉,然后向他们发起突然袭击。伊特鲁里亚人逃跑了,其余的护卫都是拉丁人,但被制服。马塞勒斯当场被杀,克里斯皮努斯受了重伤,此后不久也去世,汉尼拔·巴卡为这位勇敢的对手举行了体面的葬礼。

现在到了战争的一个关键时期。我之前提到的,离开了西班牙的哈斯德鲁巴·巴卡到了意大利,他发现翻越阿尔卑斯山也没什么困难,土著部落已经知道迦太基人无意伤害他们,很可能也认真考虑了自己的中立态度,汉尼拔·巴卡当年建造的一些工事无疑仍然可资利用。不管怎样,哈斯德鲁巴·巴卡赶在罗马人之前抵达了意大利,甚至在他哥哥预计他能到达的时间之前。罗马竭尽全力应对这一新的危险局面,她损失了一些优秀的将军:马塞勒斯已经去世;费边也年纪太大,不能继续服役。利维乌斯是一员老将,他在12年前表现突出,但在那之后一直过着退休生活,他和克劳狄·尼禄一起被选为执政官,并组建了15个军团作为他们的部队。利维乌斯被派去进攻哈斯德鲁巴·巴卡,尼禄则盯住汉尼拔·巴卡的军队。

接下来我们将会看到罗马战史上最为大胆、最为巧妙的战例之一。哈斯德鲁巴·巴卡向他哥哥汉尼拔·巴卡递出了一份快件,告知他想要与其合兵一处,但这封信落入一些罗马侦察兵手中,并被带到尼禄那里。它是用迦太基文写的,不过营地里的俘虏自然可以读给执政官听。尼禄立刻想出一个大胆的计划,他将率领自己最好的部队,与他的同僚一起强行军,在哈斯德鲁巴·巴卡与他的哥哥会合之前剿灭他。尼禄挑选了7000人,这些士兵甚至一开始都不知道这个秘密计划,他告诉他们要去突袭卢卡尼亚的守军,直到顺利上路后,尼禄才向他们揭示自己的真实意图。

他们安全抵达利维乌斯的军营,两位执政官一致同意立即开战。然而,哈斯德鲁巴·巴卡敏锐的双眼觉察出发生了什么事情,罗马人似乎比以前更多了,他的侦察兵注意到,在那些去河边取水的士兵当中,有些人比其他人晒得更黑一些。最后,人们发现罗马营地里的号角会响两次,这表明两位执政官都在军营之中。哈斯德鲁巴·巴卡决定尽量避免交战，于是在夜里离开了营地。但当他试图向南进军时，困难出现了——他的当地向导逃走了，他找不到横渡梅陶罗河的浅滩。就这样，他丧失了偷偷溜走所争取的先机，罗马人追上了他。这时他已经开始加固一处营地，当他看到敌人正在前进并准备开战时，急忙把战象放在前面，他不信任高卢人新兵，把他们部署在左翼，用战象尽可能地保护他们。他自己的位置在右翼，这里有他的西班牙步兵——一些经常与他一起出生入死的老兵。

正对着他的是罗马军队左翼，由执政官利维乌斯指挥，这个方向的战斗持久又顽强。一开始，战象为迦太基这方作了很大贡献，后来，它们被自己受的伤弄得发疯，像践踏敌人那样践踏了己方队伍。过了一会儿，尼禄运用之前的战术——安排薄弱部队抵挡汉尼拔·巴卡、抽调精锐部队支援友军，从罗马军团右翼撤回一些军队，向敌人的侧翼发起冲锋。

西班牙人无法抵抗这一轮新的攻势。高卢人闯入酒窖，喝得酩酊大醉，要么被罗马人砍倒，要么瘫倒在地上。迦太基军队陷入彻底的溃败，哈斯德鲁巴·巴卡是不会在如此可怕的惨败下苟活的，他用马刺策动着胯下的战马，冲向罗马人的防线，以作为哈米尔卡·巴卡之子、汉尼拔·巴卡之弟的勇气战死沙场。据说此役迦太基损失了56000人，这显然是夸大其词，因为哈斯德鲁巴·巴卡的军队不可能有这么多人。无论人数多少，对罗马来说，这都是一场决定性的胜利，现在可以毫无疑问地说，第二次布匿战争的胜利属于罗马，而不是迦太基。我可以引用一段精彩的颂歌，作为这一章的结尾，在这段

迦太基帝国

颂歌里,贺拉斯在赞颂另一位尼禄①时,详述了他这位伟大祖先的成就。

> 罗马,尼禄家族欠你什么呢?
> 让黑色的梅陶罗河说,
> 哈斯德鲁巴,你的死敌,让他说,
> 那个罗马的吉日,
> 透过斑驳的幽暗,散发着微笑的光。
>
> 当欢乐再次降临拉丁姆,
> 他们再也不能肆无忌惮地掠过她的城镇。
> 致命的利比亚人,
> 像是在丛林之中蔓延的火焰,
> 或是欧洛斯②刮过西西里海的莽撞疾风。
>
> 从那时起,迦太基人奋力攫取的胜利,
> 使罗马年轻人的生机陷入冰封,
> 我们神祇的庙宇被洗劫一空,
> 任由布匿游牧部落亵渎嬉笑,
> 在罗马人的圣殿里,迦太基人的神龛再次被高高举起。

---

① 提比略·克劳狄·尼禄(Tiberius Claudius Nero),即后来的罗马帝国第二任皇帝提比略。
② Eurus,古希腊神话中的东风之神。——译者注

直到最后,汉尼拔·巴卡如是说:
像是雄鹿,与掠食的狼周旋,
为何要急着与他们扭打在一起?
我们最大的胜利,
是从他们那里偷走留给我们的东西。

那个种族,勇毅如磐石,
厌倦在伊利厄姆的火焰中熄灭,
越过伊特鲁里亚人的狂野浪涛,
他们的子孙,他们头发灰白的祖父,
以及他们所有的圣物,都来到安索尼亚海岸。

如同被利斧砍倒的橡树,
一旦骤然倾倒,阿吉杜斯山上,
所有蓬松的枝条,
都失去了它的全部荣耀,
只好从钢铁中汲取新鲜的精神与力量。

它不是九头蛇,能够从某段躯干中裂开,
以更鲜活的姿态伸展、扩散,
直到阿尔喀德斯[①]的灵魂收紧;
它也不能让科尔基斯[②]感到畏惧,

[①] Alcides,古希腊神话中大力神赫拉克勒斯的乳名。——译者注
[②] Colchis,古希腊神话中伊阿宋寻找金羊毛的地方。——译者注

或是比底比斯的怪物更加致命。

它沉在海底，越发明亮，
它向上飞升、散开，瞧！
它将以可怕的颠覆之力，
重创那些毫发无损的胜利者们，
而罗马的女人们将会骄傲地讲起敌人溃逃的故事。

不再有狂妄自负的信使了，
我还应该派人回到迦太基吗？
哈斯德鲁巴殒命之后，破灭了，
我们所有的希望都破灭了，
随着他的陨落，我们家族的无敌之星也消逝了。①

尼禄急忙返回军中，命令把哈斯德鲁巴·巴卡的头颅扔给迦太基人的前哨部队。迦太基人把他的人头带到汉尼拔·巴卡那里，他认出了自己的弟弟，说道："我明白了，这是迦太基的厄运。"

第二天，他就撤到了意大利的最南部。

---

① 我借阅的是西奥多·马丁（Theodore Martin）爵士的版本。

第 25 章
迦太基与罗马的终极之战

在灾难性的梅陶罗河战役之后的三年多时间里，汉尼拔·巴卡一直待在意大利，他只占据着半岛的最南端，即布鲁迪山区。即便在这里，罗马将军们也知道在战场上汉尼拔·巴卡仍然是多么令人敬畏。

他们满足于将汉尼拔·巴卡困在这里，让他不得不把防线缩到越来越小的范围内。他把指挥部设在克罗托纳，在这个地方附近，他为朱诺建了一座祭坛，在上面放了一块石碑，刻着用迦太基文与希腊文书写的铭文，概述了他在意大利的战争，记载着他赢得的战役、占领的城镇与杀死的敌人。李维由衷地赞扬了这一时期的汉尼拔·巴卡，他说："我不知道，这个人到底是在顺境中，还是在逆境中更令人钦佩。在远离家乡的13年里，他发动了这场战争，在这场战争中，他率领的不是一支由自己的同胞组成的军队，而是由不同民族的各色人等汇聚而成的队伍。这些人没有共同的法律、共同的习俗，也没有共同的语言,他们穿着不同的服装,拿着不同的武器,膜拜着不同的神灵。然而,他把这些人紧紧地拧在一起,和他们并肩作战,这些人从来没有反叛过,甚至他们之间也从来没有争吵过,尽管他经常没有钱支付这些人的薪酬,他们也没有因此反对他。即使是在弟弟死后,当他只剩下意大利的一个角落时,他的营地也一如既往的安静。"

汉尼拔·巴卡当然不愿放弃他一生的伟大计划,他抱着一线希望,期待着会有什么事情发生,让他有机会得以实现它。除了迦太基,罗马还有其他敌人,他们也可能联合起来反对这个帝国,如叙利亚的安条克(Antiochus)、马其顿的腓力。汉尼拔·巴卡目睹了这两个国家向罗马开战,以及被罗马征服的过程,如果他能向这两个国家的执政者提供一些自己的远见卓识,将他们团结起来对抗共同的敌人,他就有可能实现自己的计划。但是,由于缺乏智慧、精力与勇气,安条克和腓力最终退缩了,这个机会也就失去了。

的确,有人尽力帮助他,他最小的弟弟马戈,看到在西班牙没有什么施展的空间,就率领他所能召集的全部军队,以及从家乡征集到的所有物资,在利古里亚登陆了。在途中,他占据了现在被称作梅诺卡的岛屿,那里的马翁港(马戈港)仍然保留着他造访的印记。他成功地将高卢人集结到麾下,但除此之外,他没有做成任何重要的事情,尤其是没能转移罗马的注意力,缓解汉尼拔·巴卡所受的压力。

公元前204年,大西庇阿从西西里岛渡海到非洲。他的第一次战役并不太成功,他先是围攻尤蒂卡,但被迫停止攻城,撤退到海岸边的一处坚固阵地,在那里他得到了舰队与陆军的联合保护。他在这里过完了冬天,第二年(公元前203年)年初又展开了积极的行动,他要面对两支军队:一支是由吉斯科的儿子哈斯德鲁巴·吉斯科指挥的迦太基军队;另一支是西法克斯国王的军队。在他的阵营中,有马西尼萨,虽然他失去了自己的王国,而且几乎连性命都要搭进去了,但毫无疑问,马西尼萨是一位非常宝贵的顾问和盟友。

西法克斯国王希望能在罗马和迦太基之间充当调解人,他现在提议和平,主要条件是汉尼拔·巴卡撤离意大利,大西庇阿撤离非洲。对此,大西庇阿回复说不能接受这些条件,但他向西法克斯表示,他也准备听取其他提议。使者们在两处营地之间往返穿梭,从西法克斯的角度看,他真的相信可以达成和平协议。但实际上,大西庇阿的使者们不过是一群间谍,他在等待机会来实施一个计划,这可能是他自己想出来的,或者更有可能是马西尼萨建议的。这个计划就是要放火烧掉两支敌军的营地。

使者们的主要任务就是让敌人完全丧失警惕。在这件事上,大西庇阿的做法几乎就是背信弃义,因为他和西法克斯之间实际上已经休战了,当和平谈判正在进行时,西法克斯国王自然觉得自己不会受到攻击。

一切准备就绪后,大西庇阿把军队分成两部分,他自己率领一半军队攻击迦太基人的营地,另一半则交给他的朋友拉里乌斯(Laelius)指挥,马西尼萨负责协助他。两军在夜间出营,拉里乌斯和马西尼萨进入了西法克斯的营地,拉里乌斯留下作为预备队,马西尼萨承担了点燃营地的工作。这个计划完全成功了,波里比阿无疑是从拉里乌斯本人那里听到这个故事的,他说:"似乎有人在营地里纵火,目的就是要烧毁它。"大火在营地里迅速蔓延,没有人怀疑这场火灾源于意外。有些人死在帐篷里,很多人在混乱中被踩死,几乎所有试图逃出营地的人,都被罗马人杀死了。

起初,邻近营地的迦太基人和他们的盟友一样,也认为这场火灾是个意外,他们中的一些人跑去帮忙,其他人则站在那里凝视着这一景象,谁也不知道敌人已经到了眼前。因此,当罗马人袭击他们时,这些人可以说是手无寸铁。几分钟后,第二座营地的情况就和第一座营地一样了,哈斯德鲁巴·吉斯科带着一小群骑兵逃跑,西法克斯也设法逃了出来,但这两支军队实际上就这样被摧毁了。

西法克斯曾想过与罗马和解,但他的妻子索芙妮丝芭说服他最终放弃了罗马。他召集了另一支军队,不久,哈斯德鲁巴·吉斯科也设法组建了一支新的军队,其中包括4000名来自西班牙的雇佣兵。接下来又爆发了一场战斗,大西庇阿再次取得了胜利。

对迦太基而言,现在只有一条路可走,那就是召回汉尼拔·巴卡和马戈。在接到召令之前,马戈刚被罗马军队击败,他带着剩下的军队扬帆起航,但在返回迦太基之前就因伤势过重而死去了。汉尼拔·巴卡接到命令后,也带着愤怒与悲伤返回了迦太基。李维——我们不知道他有哪些权威出处——这样描绘道:"他咬牙切齿,呻吟着,几乎无法抑制自己的眼泪。"

汉尼拔·巴卡如是回答迦太基元老院派来的使节们："他们这个时候用直白的语言喊我回去，但在很早以前，他们是用含蓄的话来拒绝给予我援军和金钱的。汉尼拔·巴卡被征服了，不是被罗马人征服的，他曾数以百次地击败罗马人，打得他们落荒而逃，汉尼拔·巴卡是被迦太基元老院的嫉恨所征服的。大西庇阿不会像汉诺那样因我这羞耻的归来而感到欣喜，汉诺没有别的办法来推翻巴卡家族的权力，他只能通过毁灭自己的国家来做到这一点。"

我们记得，汉诺是主和派的领袖。尽管汉尼拔·巴卡很生气，但他还是毫不拖延地执行了召命。事实上，他已经准备好此行所需的船只。李维说："很少有哪个流亡者在离开他的国家时，有着比汉尼拔·巴卡离开敌人的土地时更加悲伤的内心。他一次又一次地回头看向即将远离的海岸，为没能带领那些流着坎尼之血的士兵们杀进罗马而诅咒自己。他说：'大西庇阿冒险进攻迦太基，可我却把时间浪费在了卡西利努姆、库迈和诺拉这些地方。'"

当汉尼拔·巴卡离开的消息传到罗马时，政府举行一场公开的感恩仪式，老将费边获得了一项无与伦比的荣誉，就是用橡树叶做的一个花环，这是来自罗马人非同寻常的赞赏，不仅是因为他拯救了某位公民的生命，更是因为他拯救了这个国家。几个月后，费边因年事已高去世，他非常幸运地看到了自己心中最热切的那个愿望得以实现——意大利从侵略者手中解放出来。

汉尼拔·巴卡登陆非洲后（他已经离开非洲30多年了），我们不是很清楚他的动向。事实上，这段时期的所有历史都多少有些模糊，我们听说迦太基和罗马达成了一项停战协定，但前者背信弃义地违反了和约，大西庇阿提出了有利于和平的条款，但汉尼拔·巴卡与大西庇阿的会谈却无果而终。不过，我们很难作出明确的、前后一致的权威解释。所以我要跳过这些，讲述终结第二次布匿战争的那场伟大战役，我们掌握这方面的全部细节。根据一些历史学家的说法，这场战役发生在扎马，时间是10月19日，另一些作家则认为时间是在春天。① 大西庇阿按照罗马的传统阵形排兵布阵，但并没有把军团或是连队之间的间隔填满，② 在行列间也留出比平时更多的空间，他这样做意在削减战象带来的损害。拉里乌斯率领罗马骑兵在左翼，马西尼萨统领非洲骑兵作为右翼，轻装部队被安排在最前面，如果他们发现自己被战象碾压得太厉害，接到命令后，就可以从队列之间的空隙处向后撤退。

汉尼拔·巴卡把他的80头战象排在最前面，在它们之后是一支混编的雇佣军，再往后是迦太基本土军队，他们再次出现在战场上，现在位于危险的边缘。最后是他从意大利带回来的老兵，左翼是非洲骑兵，右翼是迦太基骑兵。

这场战斗是从战象开始的，这些动物对迦太基军队造成

---

① 造成这种差异的部分原因，可能要归结于当时罗马历法的混乱，不同历法之间的月份和季节完全不一致。

② 第一行的空隙通常会由第二行填满，第二行的间隔则由第三行填满。

的伤害，至少和对敌人的危害同样严重。① 据说，它们在迦太基骑兵中引起了很严重的混乱，以至于拉里乌斯轻易地击溃了这部分敌军。

在双方中军的对战中，起初战局对汉尼拔·巴卡有利。他的雇佣兵都是久经战阵的精锐士卒，与那些缺乏经验的罗马人相比，他们简直是所向披靡，如果能够得到第二道防线应有的支援，那天他们可能就赢了。但迦太基公民士兵并没有试图前进，只在遭到迫近的罗马人攻击时，才开始自卫，波里比阿甚至补充说，直到被因遭到如此遗弃而愤怒不已的雇佣军攻击时，他们才有所行动，但却是不分青红皂白地攻击友军和敌人。汉尼拔·巴卡的军队建立防线，挡住溃败部队的逃亡者，这是一项艰巨的任务，战斗持续时间很长，也很艰难，战士们纷纷倒下。拉里乌斯和马西尼萨（这位努米底亚王子在他负责的那部分区域也很成功）在追击迦太基骑兵后回到战场，从后方冲击了汉尼拔·巴卡军队，冲破了他们的防线。接着就是全面溃败，汉尼拔·巴卡带着一小群骑兵向阿德鲁梅图姆进发，剩下的一些人逃脱了，有20000人死在战场上，更多的人成为俘虏，罗马则损失了1500人。波里比阿说："这就是汉尼拔·巴卡与大西庇阿之间的战斗，这场战役使罗马人获得了世界的统治权。"

汉尼拔·巴卡将仅存的军队集结起来，大约有6000人，他率领这支部队回到了迦太基。政府开启了和平谈判，迦太基

---

① 那些受过训练的战象早就用完了，据说就在不久前，一个叫作汉诺的人被派去捕获新的大象。

的使节也带回了大西庇阿提出的条件。简要说来有如下几项：

第一，迦太基得以保留它在非洲的领地，不被迫接受罗马驻军，保有独立地位。

第二，所有的俘虏与逃兵都要交还对方。除保留10艘战船外，迦太基所有的战船、战象都要被舍弃。

第三，迦太基不得对非洲以外的任何国家开战；没有事先得到罗马人的许可，迦太基也不得向非洲境内的任何国家开战。

第四，马西尼萨国王得以恢复他或是他的祖先曾经拥有的一切。

第五，在和平正式到来之前，迦太基须负责罗马军队的补给和军饷。

第六，迦太基支付10000塔兰特赔款，并且每年向罗马进贡200塔兰特。

第七，由罗马总司令挑选100名迦太基人质，作为安全保证。

当这些条款在迦太基元老院被宣读出来时，一位议员站起来发言，汉尼拔·巴卡抓住他，把他按了下去。议会以愤怒的叫喊声回应着这些条款。汉尼拔·巴卡说："如果我的无知使得我以任何方式冒犯了你们，我请求得到你们的原谅。我9岁时离开祖国，回来时已经45岁了，我冒犯别人的真正原因是我关心我们共同的国家，令我感到惊讶的是，任何一位知道真相的迦太基人，当他发现罗马准备如此仁慈地对待我们时，却不准备为自己的好运喝彩。不要争辩这些条款了，全体一致地同意罗马开出的条件,并向众神祈祷吧,祈祷罗马元老院也能批准这项和约。"

罗马同意了这些条款,虽然它们直到第二年才被正式批准。迦太基人交出了所有的战船(仅保留10艘)、战象、向他们投降的逃兵以及4000名俘虏。各类舰船共计有500艘,大西庇阿下令把它们都拖到海里烧掉。李维说:"对被征服的人们来说,那些升腾的火焰就像点燃了他们的城市一样可怕。"

关于赔款,却很难筹到钱,这是必须作出的牺牲,迦太基元老院里议论纷纷。一位议员抱怨道,有人看到汉尼拔·巴卡在笑,尽管他是迦太基人所有麻烦的根源。然后这位伟人说道:"如果你能像看到我的脸那样,很容易就看清我的内心,你就会知道我的笑声不是来自一颗快乐的心灵,而是来自一个几乎快要被烦恼折磨疯了的灵魂。我的笑并不像你的眼泪那么不可理喻,当我们的武器被夺走,我们的船只被烧毁时,你本该哭泣,但你没有。当你眼睁睁看着自己的国家被洗劫时,你沉默不语,现在你却要悲叹了,仿佛这就是迦太基的末日,你的悲叹,不过是因为如今你不得不从自己的腰包里掏出钱来,作为偿付给罗马人的一部分贡金。我担心的是,你很快就会发现,这只是你将要承受的最小的麻烦。"

第 26 章
流亡的汉尼拔·巴卡

正如那位不满的议员所说,汉尼拔·巴卡确实是迦太基动乱的根源。不过,他毕竟是一个了不起的人,无论在哪里,都占据着显要位置。有那么几年,他实际还统治着这个国家,而且把这项工作做得很好。迦太基的法庭篡夺了不属于他的权力,每个人的财产、名声和性命都要受制于法官,他们不择手段地予取予夺。汉尼拔·巴卡决心改变这种状况,他站在民众一边,将法官任期改为一年一任,由选举产生。这种制度并不完全适用于现代社会,但可能是当时这个国家在特殊情况下所需要的。

另一项改革涉及公共收入,汉尼拔·巴卡仔细调查了财政收支状况,发现有很大一部分财政收入都被挪用了。在一次公众集会上,他说出了这些发现,表示只要国家财政收入真实无误,是能够满足政府开支的,向罗马缴纳的贡金与政府的赋税压力也可以减轻。这些指控自然让他树敌无数,除了那些因为失去了不正当利益而感到愤怒的人,无疑还有一些人发自内心地恐惧于汉尼拔·巴卡的最终目标——使得迦太基变得更富有、更强大,这就有可能让迦太基再次陷入与罗马的战争。因此,出于种种原因,一个强大的派系站出来反对他。据说,他的政敌们卑鄙地向罗马政府发出控告。他们说,汉尼拔·巴卡正在谋划与叙利亚国王安条克联合发动一场新的战争。当时,罗马人正处在与安条克开战的关键时点,也在时刻怀疑着这位迦太基的宿敌。于是,不顾大西庇阿的反对,罗马向迦太基派出使者,要求迦太基罢黜汉尼拔·巴卡。不过表面上,他们进行此次干预的理由是要解决迦太基与马西尼萨之间的争端。

汉尼拔·巴卡知道了真相,决定逃跑。为了使他的敌人们放松警惕,他没有表现出任何惊慌,而是像往常一样出入于公共场所。但到了夜里,他骑马来到海岸,登上了一艘船,这是他很早就为日后做的准备。随即,他驾船开往克尔基那(克基拉)。隐瞒出逃的事实是必要的,他对外宣称自己是去推罗担任大使,但克尔基那岛的港口里碰巧满是商船,被发现的风险很大,于是他决定逃离那里。此时,船长们都被邀请前去参加一个盛大的娱乐活动,还让汉尼拔·巴卡将船帆、帆桁借给他们建造一顶帐篷。狂欢持续了很长时间,到了很晚才结束,宴会还没散场时,汉尼拔·巴卡就走了,他用了好几个小时才把船帆重新安装好,从克尔基那出发前往推罗,在那里受到隆重接待,后来又从推罗来到安条克港。此时,安条克已经离开了安条克港,到了以弗所,汉尼拔·巴卡也就跟着他到了那里。

叙利亚的安条克是塞琉古(Seleucus)的第四代后裔。作为马其顿的将领之一，塞琉古曾与其他将领一起瓜分了亚历山大帝国。不知何故，安条克获得了"大帝"的称号，事实上或许除了他的野心之外，我们看不出他有什么"伟大"的地方。他对待汉尼拔·巴卡的态度，无论是因为软弱还是嫉妒，都是极其愚蠢的。安条克没有接受汉尼拔·巴卡的建议，也不愿任用他。汉尼拔·巴卡的建议是立即采取行动，此时（公元前195年）的罗马必须同时对付许多敌人，高卢人尤其给她制造了很多麻烦。如果安条克能够下定决心立即进攻罗马，结果可能会有所不同。事实却是，他一拖再拖，当两年后他终于下定决心采取行动时，机会已经丧失了。公元前192年，安条克越境进入希腊，并于次年在温泉关战败，损失惨重。汉尼拔·巴卡没有参与这次战役，他被派去武装并指挥一支舰队，这种类型的工作没有什么稀奇的地方，在当时——事实上，直到最近情况也是如此——指挥官们漫不经心地指挥着舰队与陆军。汉尼拔·巴卡遭到一支来自罗得岛的非常强大的舰队的攻击，在当时，罗得岛是一个海上强国，虽然他亲自负责的战区获得了胜利，但叙利亚最终还是被击败了。

公元前190年还发生了马格尼西亚战役，我们不清楚汉尼拔·巴卡是否在场，但有一件关于他的轶事发生在那个时候。安条克集结了一支大军——大约有六七万人——准备与罗马人作战，他们从希腊与西亚的众多城市中汇聚而来，穿戴着既华丽又多样的服饰与盔甲。国王骄傲地看着穿金戴银、明光铠亮的军队，向站在身边的汉尼拔·巴卡问道："这对罗马人来说还不够吗？"汉尼拔·巴卡冷峻地开着玩笑说："是的，这对他们来说也足够了,即便他们是这个世界上最贪婪的民族!"当然,他指的是战利品,而不是军队的战斗力。

正如汉尼拔·巴卡所料,马格尼西亚战役以叙利亚军队的彻底失败而告终。有人建议安条克求和,两年后(公元前188年),罗马同意达成和平协议,条件之一是安条克必须把他的宫廷中收留的那些罗马的敌人们交给罗马。他接受了这个条件,但给予了他的宾客逃跑的机会。

关于汉尼拔·巴卡逃离安条克宫廷后的活动,人们普遍相信他的聪明才智与灵活头脑,以至各种版本的故事流传出来。按照其中一种说法,他有一段时间在克里特岛避难,疑心克里特人觊觎他随身携带的大量财宝,于是为了迷惑他们,他在许多酒缸里装满了铅,上面覆盖一层薄薄的金银。当着岛上首领们的面,他郑重其事地把这些东西放置在戴安娜神庙里。与此同时,他真正的财物则藏在几个空心的黄铜雕像里,这些雕像就摆放在他住所的门廊,看起来就像是无人照管的寻常物件。据说他从克里特岛到了亚美尼亚,在这个国家建立了阿塔克萨塔城。然而,可以肯定的是,他生命的最后几年是与俾斯尼亚国王普鲁西亚斯(Prusias)一起度过的。俾斯尼亚与帕加姆斯交战,后者是罗马的坚定盟友。汉尼拔·巴卡心甘情愿地帮助普鲁西亚斯。至于普鲁西亚斯是如何把大量毒蛇装满很多罐子,接着把它们扔到敌军舰船的甲板上,最后在海战中打败了敌人的故事,我们不需要理会。

几年来,汉尼拔·巴卡在这个避难所里过着无人打扰的生活。到了公元前183年,罗马派使节来到俾斯尼亚,要求普鲁西亚斯不得再收留他。这一次，国王觉得自己没有能力拒绝这个要求，就派士兵去抓捕汉尼拔·巴卡。

汉尼拔·巴卡一直都在等待着这样的结局，他知道罗马永远都不会原谅他的所作所为，而且他也不信任自己寄居之处的这位东道主。事实上，他非常清楚，如果罗马人严肃地提出请求，俾斯尼亚国王是不能拒绝的。关于汉尼拔·巴卡的结局，就像通常讲述的那些故事，他设计了逃离房子的七种方法，但发现路径都被士兵堵住了，于是拿出了毒药——为了应付当下这种紧急情况而一直准备着的——一饮而尽。有些作家写道，他把毒药藏在一枚戒指里，随身携带，尤维纳利斯（Juvenal）用汉尼拔·巴卡的例子来说明一个士兵虚荣的野心，他将这枚戒指称作"坎尼之日的复仇者"。李维向我们讲述了汉尼拔·巴卡的遗言："让我把罗马人从他们的长期焦虑中解救出来吧，他们觉得等待一个老人的死亡是乏味的。面对一个遭到背叛的无助的人，弗拉米纽斯（他是罗马大使）不会取得任何声名远播的伟大胜利。至于这件事情，反映出罗马人的品格发生了怎样的变化，今天我的死就是明证。当皮洛士国王率领一支军队在意大利与你们这些人的祖父们交战时，你们的祖父曾跑去警告皮洛士要当心毒药。时过境迁，如今的罗马人却派了一个使臣，跑到普鲁西亚斯这里来，向他提供一项谋杀宾客的罪名。"

汉尼拔·巴卡去世时 64 岁，或是 65 岁。关于他的性格与迦太基的历史，我们必须从敌人的叙述中作出判断。他的军事才能毋庸置疑，在这一点上，他从未被超越。他的勇气也十分让人叹服，尽管人们明确称赞他的小心谨慎。他在生活中非常节制，这一点同样清楚，证据确凿。针对他的指控主要是背叛、残忍和贪婪。从个人贪欲来看，他当然是毫无顾忌的，但作为一名将军，他必须为战争提供财力支撑，在国外供养一支庞大的军队，必须为他们提供食物、衣服与军饷，而他只能从国内获得时断时续的、数量很少的物资补给。那么，在这件事情上，他是不可能有多么正直和高尚的。关于残忍的指控则不太好说，有关汉尼拔·巴卡贪婪的说法，在某种程度上也与这一指控有关，像汉尼拔·巴卡这样的将军在对待敌人时不能不严厉甚至无情。至于背信弃义，我们知道在罗马人中间，"布匿式忠诚"成了形容一个人不诚实的谚语，"不忠"则是迦太基人的绰号，正如我们所看到的，贺拉斯把这个词用在汉尼拔·巴卡身上。但是，我们没有发现有关这种指控的特别充分的理由，而且我们更怀疑罗马的将军们是否能够表现出良好的信誉，以至于有资格去指责别人。在罗马人当中，没有谁会比大西庇阿更可敬的了，但他在谈判存续期间对西法克斯的奸诈袭击，在不光彩的程度上，至少与汉尼拔·巴卡遭到指控的任何一件背叛行为没什么两样。

第 27 章
走向终局

汉尼拔·巴卡的死并没有消除罗马对迦太基可能会密谋制造事端的怀疑，《汉尼拔·巴卡和约》（对扎马战役后双方所订立条约的一种称呼）强加给迦太基的条件，并没有彻底摧毁她。迦太基失去了自己的领土，但没有失去贸易；她的军舰被摧毁了，她的商船却没有；她的国库里总是存放着黄金，可以用来雇佣新的军队。距离和约签订刚到 20 年，她就提出一次付清原本要 50 年分期偿付的全部赔款。

罗马人虽然宁愿保持对这一宿敌的控制，也不愿接受这笔钱，但他们还是震惊于迦太基的财力已经完全恢复这一事实。大约 10 年后，当罗马和马其顿的战争迫在眉睫时，有消息传到罗马，说是迦太基接见了马其顿国王的使节。毫无疑问，马其顿向迦太基派去使节，他们很可能会找到一些愿意听取他们意见的权势人物，因为在迦太基仍然有一个主战派，但没有理由认为迦太基政府已经与罗马的敌人达成了任何交易。

第四编　迦太基与罗马

一位罗马政治家的这种怀疑非常强烈，他就是马尔库斯·波尔基乌斯·加图（Marcus Porcius Cato），通常被人们称为老加图，以区别于他的曾孙尤蒂卡的加图（Cato of Utica）。老加图参加了第二次布匿战争，他没有忘记自己当时的经历。当时他负责调查迦太基与马西尼萨国王之间爆发战争的原因，在走访期间，他深深地震惊于迦太基的财富，那些拥挤的人群，装备精良的舰队以及充足的军械，都给他留下了深刻印象。回到罗马后，他向元老院讲述了自己的所见所闻，他说：“这个民族，比以往任何时候都要强大，他们在非洲进行的战争，就是向罗马开战的预演。”他一边说着，一边从袍子的褶皱里扔下一串成熟的无花果。正当议员们欣赏这些美丽的果实时，他喊道：“种植这些果实的国家，距离这里只有三天路程。”我们不知道他的意思是说，那个地方离这里很近，所以很危险；还是说很容易就能到达那里。无论如何，从那时起，他从未停止过利用任何机会在元老院重申自己的意见。不管即将表决的议题是什么，他都会加上这么一句：“我也认为迦太基应该被抹去。”扎马征服者的一位近亲西庇阿（姓纳西卡，或唤作"尖鼻子的西庇阿"）也同样坚持不懈地在每一张选票上都添上这么一句："我也认为迦太基应该得以保留。"

　　迦太基在本土有一位危险的敌人——马西尼萨国王。正如我们看到的，他最初在西班牙为哈斯德鲁巴·巴卡效力，后来改换了阵营，在扎马战役中站在罗马人一边作战。这些效命之举为他带来了丰厚的回报，他父亲的领地已经被归还给他，西法克斯王国的大部分领土也被其收入囊中。50多年来，他不断地牺牲迦太基，扩大自己的疆域，他总是觉得自己可以依靠罗马人的后援，或者至少得到罗马人一些支持。在没有得到罗马许可的情况下，迦太基不得对其非洲邻国开战，为了应对马西尼萨的侵略，唯一能做的就是请求罗马帝国的保护，使其免于被迫接受不公正待遇。罗马不止一次派遣专员调查这件事，而这些专员们也决定反对马西尼萨，但他们通常都不能解决这个问题。就这样，马西尼萨国王持续地侵犯着迦太基，并且通常会设法保住自己手中已经得到的那部分利益。

公元前151年，这场争吵演变成公开的战争。在迦太基内部，马西尼萨培植了倾向于自己的政治派系，于是民主派驱逐了该派系的40名主要成员，并强迫民众发誓，永远也不允许他们回来。流亡的派系成员逃到马西尼萨那里，力劝他与迦太基开战，他也很乐意这样做，因为他对一个迦太基城镇垂涎已久。但马西尼萨没有立刻开战，而是先派自己的一个儿子到迦太基那里索取赔偿，迦太基人不允许这位王子进城，还在他返回的路上袭击了他。马西尼萨随后包围了这座城镇，迦太基人派出他们的总司令哈斯德鲁巴·博埃萨尔克前去迎战。在随后的几次小规模战斗中，哈斯德鲁巴·博埃萨尔克取得了胜利，马西尼萨的两名指挥官率领6000名骑兵投奔了哈斯德鲁巴·博埃萨尔克。马西尼萨佯装撤退，把哈斯德鲁巴·博埃萨尔克引到一个不容易得到补给的地方。一场战斗很快就开始了，老国王——他已经88岁了——亲自指挥，按照他们国家的习惯骑在马上，没有马鞍，也没有马镫。虽然此战没有取得决定性的战果，但总的来说，马西尼萨还是占了上风。当天，有一位罗马年轻人在场，作为这场冲突的旁观者，他与迦太基的结局有着莫大的关系，在历史上，他的全称是普布利乌斯·科尔内利乌斯·西庇阿·埃米利安努斯（Publius Cornelius Scipio Aemilianus）①。著名的罗马将军、皮德纳的征服者②埃米利乌斯·保卢斯是他的生父，在坎尼战役中阵亡的埃米利乌斯·保卢斯是他的祖父，扎马征服者、非洲征服者大西庇阿的长子收养了他，只不过这位养父身体虚弱，无法参与任何公共事务。③小西庇阿曾随一支罗马军队在西班牙服役，此时来到努米底亚是为了收购大象。他有幸在一座能俯瞰平原的山上观战，虽然参加过许多次战役，但从来没有如此高兴过，后来他说（内容很有可能是从他的朋友波里比阿那里听说的）："我看到 11 万人在这里厮杀，在我之前，这种景象只有两个人见过，他们是在特洛伊战争中，站在伊达山顶的宙斯与站在萨莫色雷斯岛的波塞冬。"

西庇阿充当双方当事人之间的仲裁者，迦太基人提出放弃恩波里亚（或称作集市）周边的土地（现在的加贝斯和特巴），先付 200 塔兰特，再分期付 800 塔兰特，但当马西尼萨国王还要求交出叛逃者时，谈判破裂了。哈斯德鲁巴·博埃萨尔克此时可以提出一个他能坚持得住的条件，但他没有这样做，而是期待着马西尼萨的另一份提议，也寄希望于罗马人会

---

① 人称小西庇阿。——译者注
② 皮德纳之战是发生在公元前 169 年的一次伟大战役，马其顿王国由此灭亡，见《罗马纪事》第 163 页。
③ 读者可能会注意到，他采用了养父家族的名字，再加上他自己氏族的名字，按照收养的惯例，从埃米利乌斯改为埃米利安努斯。

站在迦太基一边，对这件事加以干预。这种耽搁对他来说是致命的，饥荒以及总是与之相伴随的热病消耗了他的军队，最后他被迫接受了最屈辱的条件。被流放的亲马西尼萨派系成员得以回国，迦太基交出马西尼萨阵营中投敌的逃亡者，还要支付5000塔兰特赔款。哈斯德鲁巴·博埃萨尔克与他的士兵们要交出武器，每人只穿一件衣服，赤手空拳地穿过敌人的营地。马西尼萨国王的一个儿子率领一支骑兵部队，袭击并且残忍地屠杀这些无助的逃亡者，只让极少数人逃回了迦太基，其中包括哈斯德鲁巴·博埃萨尔克本人。

更糟糕的事情还在后面，迦太基政府判处哈斯德鲁巴·博埃萨尔克以及那些积极推动战争的人死刑。但是，当他们派往罗马的使节们以这次判决为理由，向罗马恳求宽恕时，罗马人问道："为什么在这之前，你们没有给他们定罪，而是在战败之后才定罪呢？"迦太基使节们无言以对，罗马元老院表决认为，迦太基的解释不够充分。那些快快不乐的使节问道："那你告诉我们，我们该怎么办？"罗马人含糊地回答说："你们必须让罗马人民满意。"消息传回迦太基后，他们又派出一个使团，请求罗马明确告知他们该如何做，但还是被这样一句话给挡了回来："迦太基人已经知道了。"罗马接受了老加图无情的劝告，迦太基将被抹去，如果对此还有任何怀疑的话，当尤蒂卡的使节来到迦太基提议投降时，这丝疑虑也就被消除了。那一年的执政官马尼利乌斯（Manilius）和塞索里努斯（Censorinus）立刻率领一支舰队和一支陆军，向着迦太基进发，他们得到的密令是，除非迦太基被摧毁，否则决不收兵。

他们指挥的军队总计将近 10 万人。这次冒险远征受到罗马各阶层的欢迎，因为掠夺的前景非常可观，自愿参战的士兵们聚集在一起摩拳擦掌。

迦太基获知的第一个宣战的消息是，罗马舰队已经出航。但此时，迦太基的执政者们仍然希望献出绝对的服从，以拯救自己。他们向罗马派遣了另一位全权大使，他可以满足罗马提出的任何条件，得到的答复是这样的："如果迦太基愿意交出 300 名最高贵家族出身的人质，并在 30 天内满足其他全部条件，罗马将允许迦太基保有独立地位以及对其自身领土的占有。"但与此同时，罗马的秘密指示也被送到前线执政官手中，即无论发生什么事情，他们必须遵守第一道密令。

在经历了与亲朋好友的悲惨离别之后，人质们踏上了前往罗马的旅途，但几乎没有人相信如此屈服会有任何用处，事实上，这种做法很快就被证明是徒劳的。罗马执政官们要求收缴城内的全部武器，迦太基接受了这个要求，交出了 20 万件武器、多得数不清的飞镖和标枪，还有 2000 辆投石车。然后执政官们又提了要求："你们必须离开迦太基，我们决心摧毁这座城市，你们可以把自己的财产搬到别的地方去，但那个地方必须距离海边 10 多公里以外。"他们还补充了一些理由，这听起来一定像是最残酷的嘲弄。为什么要求迦太基人如此做？他们是这样说的："你们最好远离大海，它只会让你们回想起自己曾经的辉煌。大海是危险的，它曾带给你们无比的繁荣，也曾给其他国家带来灭顶之灾。你们不如去从事农业，那是一个更安全、更有利可图的行业。"他们补充道："我们会信守诺言,迦太基会保持独立,真正构成迦太基的是人,而不是那些建筑。"①

迦太基人急切地等待着使节们的归来,当他们进入城门时,几乎要被拥挤的人群踩死。最后,这些人进入元老院,讲述他们的经历,在议事厅的门外,人们密密麻麻地挤在一起等候着。当他们说出罗马的要求后,议事厅里立刻迸发出大声的喊叫,又惊惶又恼怒。门外的民众听到消息后都冲了进来,随之而来的是可怕的暴力场面,那些建议交出人质和武器的人遭到猛烈的攻击,其中有些人甚至被撕得粉碎。使节们自己也未能幸免,尽管他们唯一的过错就是带来了坏消息。

任何碰巧因为有事而滞留在城里的意大利人,都不幸地成了迦太基民众宣泄怒火的受害者。一些聪明点的人已经开始尽可能地为自卫做准备了,因为如今只剩下这一种选择。事实上,元老院当天就向罗马宣战了。

---

① 很难相信罗马人真能说出这些无耻的诡辩,但有充足的理由认为,我们从阿庇安那里得到的关于执政官演说的报告,是他从一位杰出的权威历史学家波里比阿那里抄来的。然而,古代的历史学家们热衷于把某些话语放进他们笔下人物的嘴里,却并不总是对其真实性提出特别的要求。

第28章
围攻与迦太基的陷落

迦太基政府竭尽所能地保卫这座城市，任命哈斯德鲁巴·博埃萨尔克——本该因安抚罗马人而被处死——指挥城外的军队。另一位名为哈斯德鲁巴的人控制着城墙内的军队。无论男女，不分昼夜地打造着武器。神庙和圣殿甚至都被围起来，变成了生产作坊，每天制造100面盾牌、300把剑、1000支用石弩发射的投枪。据说，妇女们剪掉了自己的头发，用来制作投石器的绳索，因为原本使用的马毛不够用了。

迦太基的城墙周长约20公里，大约有50多米高、10多米厚，这个高度指的是墙体的高度，即塔楼与塔楼之间的那部分。这些塔楼有四层，甚至更高。滨海的地方——这座城市建在半岛上——只需一堵墙就足够了；但在陆地一侧，也就是北面和南面两个方向，一共建了三重城墙。阿庇安说，这三面墙的高度和宽度相等，简直不可思议，因为这样的设计毫无用处，一旦第一道城墙被攻陷，就会给攻城者带来很大优势，第二道城墙很快就会变得难以防守。在迦太基或是在任何其他古代城镇中，都没有发现过任何此类防御工事的痕迹。阿庇安的言外之意是：一共有三条沟渠，在第一条沟内侧的后面建造了一道常规的城墙；接下来是前置的城墙，比之前那道常规的城墙低得多，在它前面是第二条沟；最外围有道栅栏作为防御设施，并由第三条沟加以保护。在塔普苏斯可以找到这样一种防御工事系统确切存在的痕迹，在主城墙的门洞里，预留了放置300头战象、4000名骑兵和20000名步兵的空间。

塔普苏斯的三重城墙

　　迦太基的港口布局得很好，任何舰船必须经过其中一个才能到达另一个。外港是给商船用的，而且它的入海处被铁链封锁着；内港停泊着战船，里面有一个小岛，可以容纳220艘船。海军司令的房子也在岛上，那座房子很高，视野很好，以至于他可以看到外面发生的一切。在两个港口之间，有一堵很高的墙，使得敌人无法从外面窥视。从外港到迦太基城有一个单独的入口，内港或是军港很显然被极其小心地把守着。

　　马尼利乌斯将主攻方向对准城墙的陆地一侧，塞索里努斯尝试着进攻被潟湖保护的城墙，这里的防御比其他地方要弱一些。外层的防御工事被攻破了，但没有进一步进展。事

第四编 迦太基与罗马

实上，攻城者损失惨重，哈斯德鲁巴·博埃萨尔克和他的副将们顽强抵抗，其中有一个名叫希米尔科·法玛斯（Himilco Phameas）的将领，他非常活跃，不断攻击任何脱离大部队的敌军。

塔普苏斯的主城墙

塞索里努斯填满一部分潟湖，将两个攻城锤带到城墙边，其中一个由 6000 名士兵推动，另一个也由同样多的水手操作，这时似乎就更有希望了。这些攻城锤威力巨大，撞倒了一部分城墙，迦太基人又连夜把这段城墙修了起来，虽然新修的城墙不是很坚固。接着，被围困的迦太基人发动了猛烈的突袭，放火烧了一些攻城器械，使得所有设施至少在一段时间内都无法使用。第二天，罗马人试图从尚未修复完成的城墙缺口处发起进攻，但被击退，损失惨重。

当时正值盛夏，塞索里努斯发现船员们不堪忍受天气的折磨，就把舰船从潟湖转移到公海。迦太基人抓住这个机会，趁着风向有利，用火船重创了罗马舰队。

罗马的指挥官们继续推进着军事行动，他们缺乏指挥技巧，也没有取得什么进展。就在最需要帮助时，罗马人却不幸失去了他们的盟友马西尼萨，这位老人与他的罗马朋友们之间的关系冷淡了，他觉得罗马人不公道，从他手中夺走了对付迦太基的任务，把自己粗暴地丢在一边。如今，当罗马执政官派人请求他帮忙时，他答应了。在这之前罗马人太过骄傲，压根没有征求他的意见，因为他们发现马西尼萨已经90岁了，尽管直到最后，他还保持着旺盛活力。迦太基的另一位宿敌老加图，几个月前也已经死了，在围城战中脱颖而出的小西庇阿被委以重任。马西尼萨国王的领土与财富分给了他的三个儿子，其中一个名叫古鲁萨（Gulussa），他立刻成为罗马的一位热切的盟友，在击退法玛斯的轻骑兵进攻中发挥了独特作用。实际上，没过多久，法玛斯本人就在小西庇阿的劝说下背弃了迦太基。

在军事指挥上，皮索（Piso）与曼奇努斯（Mancinus）取代了马尼利乌斯和塞索里努斯，但指挥官的更换并没有使攻城战有所好转。事实上，新上任的执政官忙于进攻邻近城镇，几乎放弃了围攻迦太基城。进攻希波（今天的宾泽特）的卡尔普尔尼乌斯（Calpurnius）尤为糟糕，他在那里的所有攻城设施都毁于镇上居民的一次突击。

迦太基人的高涨士气与罗马人的沮丧气氛形成鲜明对照，古鲁萨的一些骑兵已经投靠了迦太基，马西尼萨的另外两个儿子，虽然名义上与罗马交好，却只是袖手旁观，静待事态变化。迦太基向他们以及独立的摩尔人派出使节，表示如果迦太基沦陷，他们就将是罗马的下一个征服目标。迦太基也和当时正在与罗马交战的马其顿人取得了联系。遗憾的是，在城外指挥作战的哈斯德鲁巴·博埃萨尔克觊觎城中指挥官的地位，指控他犯有叛国罪——那个可怜的人恰好与古鲁萨往来密切。他被这指控吓坏了，辩护时言语犹疑，于是就在元老院被谋杀了，议员们用折断的长凳打死了他。

在罗马，每个人都希望围城战能迅速结束，对这种长时间的拖延，人们感到非常恼怒，甚至惊恐。所有目光都集中在这个真正表现出指挥才能的人身上，加之他的名字曾给罗马带来幸运，他们的目光就显得更加诚挚了。曾经有一位西庇阿，终结了汉尼拔·巴卡发动的那场战争；如今还将有一位西庇阿，进一步完成他的工作，摧毁迦太基。这位年轻的战士到罗马竞选市政官。我们可以猜到，他对即将发生的事情并不知情，民众选举他为执政官。主持会议的执政官表示抗议，小西庇阿才37岁，还不到担任执政官的法定年龄。但民众坚持自己的主张，说他们才是选举的主人，可以选择任何他们想要选举的人。保民官也威胁道，除非执政官作出妥协，否则就将罢免他，最终执政官还是屈服了。在安排每位执政官负责哪个行省时，也出现了这种情况，

石棺上的迦太基港

这通常是抽签决定的，但民众决意让西庇阿掌管非洲，最后执政官再次作出了妥协。

这位新任指挥官的第一项战绩就是把曼奇努斯从他作茧自缚的危局中解救出来。曼奇努斯急于在自己被取代前做点什么，就率领一队人马猛攻城墙的一处薄弱区域，他实际上已经攻进城里了，但他的力量不足以推动其继续前进，也几乎无法守住他们已经占领的区域。尽管皮索赶来支援他，但也没有什么进展。小西庇阿到达尤蒂卡时，收到一份描述当时情况的紧急军报，就赶紧投入作战，把曼奇努斯和他的部队安全地救了出来。这两位执政官不久后返回了罗马，小西庇阿严厉整顿纪律和秩序，纠正他的前任们松散治理所留下的乱象。他遣散了那些聚集在罗马军营里的游手好闲之徒和盗贼们，只留下易于管理和吃苦耐劳的人。他的第一次作战行动是袭击迦太基城一处叫作迈加拉的区域，那里看起来是富人区，小西庇阿兵分两路，其中一支由他亲自率领。两支军队都未能攻克城墙，不过，他们占领了一座属于某个私人住宅的塔楼。虽然这座塔楼可以起到指挥防御的作用，但对迦太基来说，它矗立在那里并非明智之举。一些攻城士兵通过它爬上城墙，又从城墙进入了迈加拉，然后打开其中一扇城门，小西庇阿率领 4000 人杀了进去。然而，他觉得留在那里并不安全，因为这个地方到处都是花园，那些树篱和水渠使得军队很难在这里展开行动。但这次行动也是有成果的，其中最重要的是，城墙外的迦太基军队以为城市已经被占领，就放弃了营地，撤退到拜尔萨或是上城了。

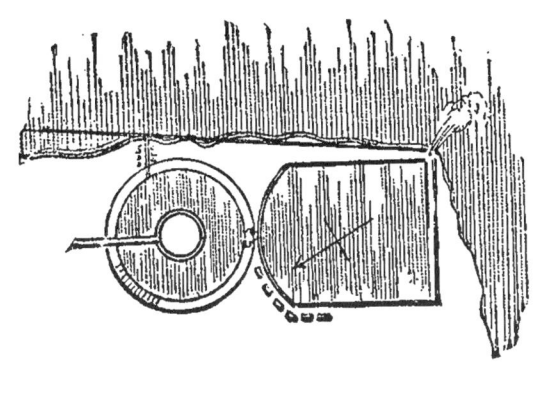

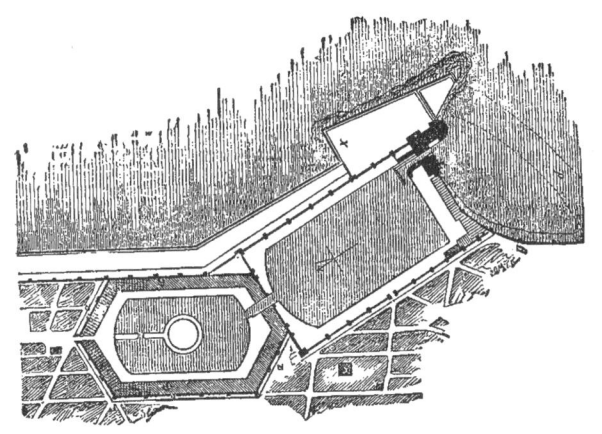

迦太基的港口

　　哈斯德鲁巴·博埃萨尔克对这次行动感到愤怒，以野蛮屠杀他手中的所有俘虏作为报复。他把这些可怜的人带到城墙边缘，极其残酷地折磨他们，然后将他们从高处扔下去，活活摔死。经过这样一番操作，被围困的人们就会觉得他们已经丧失了得到罗马人怜悯的全部希望，除了死战到底，他们已别无选择了。

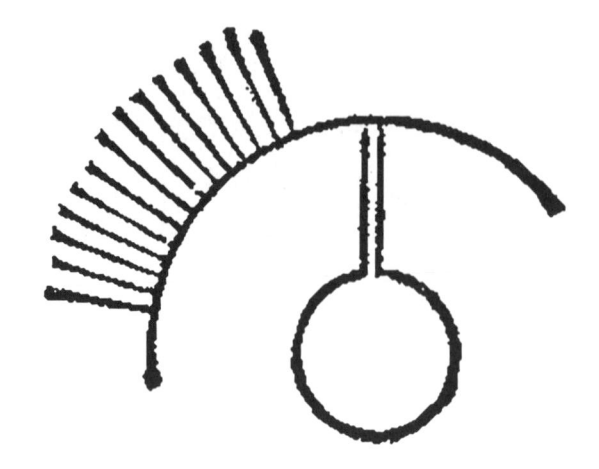

泊位安排

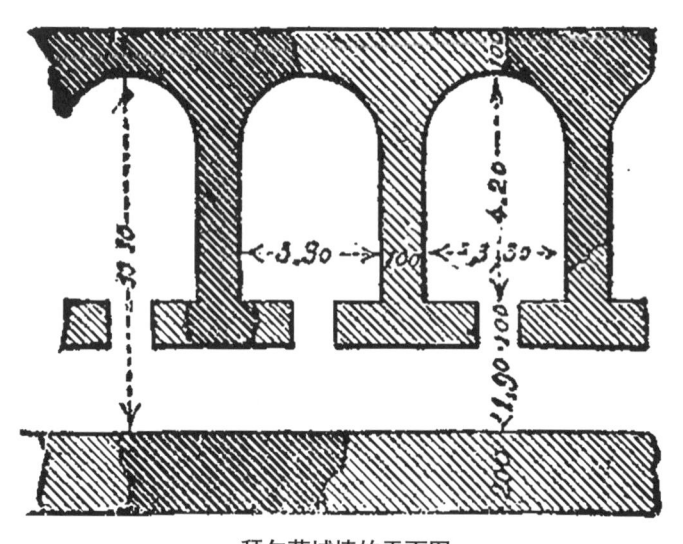

拜尔萨城墙的平面图

  围攻战现在几乎变成了封锁战，小西庇阿烧毁了迦太基城外军队在恐慌中抛弃的营地，现在他控制了这座城市所在半岛的颈部，迦太基的陆路交通被掐断了，通过海路运来的补给又少又不稳定，粮食供应受到影响。下一步是封锁港口，小西庇阿修筑了一道横贯海口的长墙，这项工程的规模非常庞大，迦太基人起初认为这是不可能完成的，但当他们看到工程进展迅速，整支军队都在夜以继日地施工时，就开始惊慌起来。但迦太基人也没闲着，他们挖了一条从港口到大海的新水道，还建造了50艘军舰。罗马人对这些一无所知，尽管他们能听到持续不断的锤击声，当一支他们根本不知道其存在的舰队——因为迦太基的所有战舰都被拖到外海摧毁了——从一座他们此前从未见过的港口驶出时，感到惊讶万分。迦太基人驾驶着战船兴高采烈地从罗马舰队前驶过，如果他们发起进攻，可能会给罗马舰队造成无法弥补的损失，因为这些罗马舰船几乎完全没有防护。可是，迦太基人只是满足于给罗马人演示一下，然后就返回了港口，失去了这个千载难逢的机会。历史学家说，迦太基的陷落是命中注定的。两天后，两支舰队交战，罗马人此时已经做好了准备，战斗就这样开始了。第二天双方再度交战，毫无疑问，迦太基人被打败了。

现在，罗马军队奋力进攻城市的港口一侧，他们用攻城锤撞毁了相当长的一段城墙。但迦太基人发起了猛烈反击，他们赤身裸体，手持未点燃的火把，一头扎进潟湖，有些人游过去，有些人涉水穿过浅滩，到达陆地后，他们点燃火把，勇猛地冲向攻城工事。许多人战死了，他们既没有盾牌也没有盔甲，但没有什么能够抵挡得住他们的冲锋。罗马人在混乱中溃散，攻城设施被烧毁了，即便小西庇阿下令杀死那些后撤的士兵，也无法遏制恐慌。这一天以迦太基人的巨大胜利而告终。

到了冬天，天气变凉了，小西庇阿把注意力转向仍能为迦太基提供补给的地区，他的副将拉里乌斯与古鲁萨国王联合行动，重创了一支由当地盟友组成的军队（尽管我们很难相信70000人被杀、10000人被俘的战果）。如今，迦太基的粮食供应几乎都被切断了，但哈斯德鲁巴·博埃萨尔克仍然有足够的食物支撑他的军队，不过，剩下的人就只能挨饿了。

公元前146年初，小西庇阿准备进攻上城与战舰停泊的港口，也就是所谓的巨港。他先是占领了港口，迦太基人的抵抗疲软无力、时断时续，从这里，小西庇阿率军进入港口附近的集市，甚至连他也阻止不了军队掠夺阿波罗神庙的财富，据说他们从雕像和圣坛上抢走的黄金多达1000塔兰特。

罗马人接下来要做的是进攻上城，从集市出发，有三条街道通向那里，每条街上都有六层楼的房子，守军和许多市民在那里与罗马人展开持续争夺，一幢又一幢房屋被攻陷，在力量强大、纪律严明的罗马军队面前，守军且战且退。与此同时，街上发生着另一场争夺，罗马人沿着三条街道进攻，直到占领上城。随后，小西庇阿下令放火焚烧这片街区，场景非常恐怖，此前躲在房子里的非战斗人员，包括老人、妇女和儿童，在房子燃烧起来后，有的扑到了士兵们的长矛与刀剑上，有的被烧死在藏身之处，一些人从窗口爬出来，跳到了街上，很多人被掩埋或是半埋在废墟之下。罗马先头部队忙着为大军开辟出一条通道，胡乱清理路面，根本没有注意到挡在路上的那些死去的人。

这些恐怖的行为持续了六天六夜，我们一定记得，有一位亲历者——历史学家波里比阿描述过这种可怕的场景，毫无疑问，阿庇安的生动记录正是从他那里引用的。在战争中，军队可以轮岗，有其他部队接替，只有小西庇阿一个人无法停歇，坚守在自己的岗位上，他从不睡觉，一有机会就狼吞虎咽地吃上一口食物。到了第七天，从埃斯科拉庇俄斯（Aesculapius）神庙里走出一行人，神庙坐落在城堡顶端，十分显眼。他们恳求饶恕那些幸存下来的人，留下他们的性命，小西庇阿答应了这一请求，但罗马的逃兵除外。有50000人在他的恩典下得以活命。逃兵们将自己关在神庙里，共有900人，都是罗马人，哈斯德鲁巴·博埃萨尔克和他的妻子、两个儿子也在其中，这个地方固若金汤，但他们无法坚守，因为这里没有粮食。

哈斯德鲁巴·博埃萨尔克设法逃了出来，跪倒在小西庇阿脚下，谦卑地乞求饶他一命。这位罗马将军慷慨地答应了他的请求，并将这名囚犯展示给挤在神庙屋顶上的那些逃兵看。逃兵痛骂这个懦夫抛弃了他们，然后放火烧了神庙。正当大火熊熊燃烧时，哈斯德鲁巴·博埃萨尔克的妻子走上前来，她穿戴着所有的饰物，把自己打扮得光彩照人，身边依偎着自己的两个孩子。她先是转向小西庇阿说道："罗马人，我不要求上天向你复仇，你只是在运用战争赋予你的权利。但是，对这个人，这个背叛了他的国家、他的神灵、他的妻子与儿女的叛徒，我祈求上天，请你代天行事，严惩他。"然后她转向自己的丈夫，喊道，"恶棍！叛徒！懦夫！我和我的孩子们将在烈火中找寻自己的坟墓，而你，伟大的迦太基将军，你只配装点罗马的胜利！"接着，她杀了两个孩子，把他们的尸体扔进大火里，自己也随他们而去了。

就这样，在历经七个世纪的辉煌之后，迦太基灭亡了。小西庇阿看着眼前的可怕景象，泪流满面，喃喃自语，他想到了一个又一个帝国的命运，总有一天，类似的结局会降临到他自己的国家身上，在荷马的诗句中，赫克托尔（Hector）就曾这样预言特洛伊的厄运。

小西庇阿允许士兵们劫掠这座城市，但禁止私吞任何金银器与神庙里的财宝。他慷慨地颁授勋章，但这样的荣誉没有被授予任何一支参与抢掠阿波罗神庙的部队。西西里岛的各个城市都被告知，可能会重新获得迦太基人在过去一个半世纪的战争中抢走的艺术品，阿克拉加斯取回了著名的法拉里斯公牛，塞杰斯塔拿回了戴安娜雕像。长期以来，西西里人一直以非洲征服者小西庇阿之名代指诚信的行为。不到 100 年，西西里人再次失去了自己的宝藏，这次不是因为战争，而是源于一位罗马总督的无耻劫掠。① 迦太基城被夷为平地，任何试图重建它的人都会受到诅咒。尽管如此，20 年后，小格拉古还是提出了在这片土地上建立一块能容纳 6000 人的殖民地的建议。80 年后，尤利乌斯·恺撒（Julius Caesar）也提出一项类似的计划。后来，奥古斯都（Augustus）建立了罗马帝国的迦太基城，并让它很快成为一座繁荣的城市。但此后的历史与我要讲述的故事无关，随着罗马的对手——这座伟大的腓尼基人

---

① 参见古典学词典中对韦雷斯（Verres）的描述，以及《罗马纪事》第 202 页。

城邦——的陷落，一切都结束了。

非洲的竞技场